把自己活明白

刘辉 董颖 著

中国法治出版社
CHINA LEGAL PUBLISHING HOUSE

每个人在自己的一生中都会经历很多阶段，不同的人在不同阶段都会遇到不同的人生问题。不论是成长、恋爱，还是婚姻、中老年生活，遇到的问题不一样，心境也不一样。

这本书从青年写到中老年时期，从不同阶段人们常遇到的生活问题入手。97 个问答，关乎爱情、金钱、亲情、自我成长等，适合不同年龄段的读者阅读。笔者希望本书能从情感和法律两个不同的维度给更多人一些生活方面的借鉴或思考。

人们遇到事情时，会采取"理智脑""情感脑"等方式，感情上头的时候，有些人会失去理智，但过于理智的话，某种程度上又缺乏人情味。所以，我们邀请到资深情感专家董颖（内文称董公子）与专业家事律师刘辉（内文称刘律师），尽量对同一问题从截然不同的角度切入，既有法律层面的严谨，又有情感层面的细腻，从而帮助读者冷静且妥当地解决其遇到的人生难题。

我们总说人要活明白，但是有多少人能真的做到呢？有时候，有困惑，恰恰是因为有选择，因为不知道如何选择更加有利于未来，所以感到困惑和茫然。律师和情感专家，接触到的案例和故事非常多，也看到很多人的选择和结果，因此有更深的感悟和更丰富的经验，在这里分享给大家，希望能够带给读者一些启示和帮助。

让我们一起来解决这 97 个问题，让自己生活得更明白、更轻松一些吧！

谈情说爱

怀着最好的期望，也做着最坏的打算

03

谈婚论嫁
事后的反应再迅疾，也比不上未雨绸缪

婚姻生活

清醒，知趣，明得失，知进退，爱自己

婚姻变故

明智地放弃，胜过盲目地执着

中年危机

不畏将来，不念过往，活在当下，活出精彩

老年权益

人生，一半清醒，一半释然

文书模板

单身生活

人生没有定义，
年轻的灵魂可以千姿百态

01

01

成年并开始工作后，如何做才是真正的独立？

我大学毕业后已经工作三年，一直和父母住在一起，但最近经常与父母爆发冲突，很纠结要不要搬出去住。

我工作忙，有时候还加班，母亲不仅给我做饭，还经常帮我洗衣服、整理房间，我很感激，但她总弄乱我的东西，我多次沟通也没有用。她对我熬夜非常反感；对我周末赖床，她也唠唠叨叨；每天接收我的快递，更是看不惯；还每个月强制我上交工资的90%，说给我存着。我有时候感觉快窒息了。更让我不能忍的是，我妈总提醒我"该相亲了"，还让七大姑八大姨帮着张罗。

我爸还好一些，但他总疑神疑鬼的。比如，见到男生开车送我回家，便用奇怪的眼神审视人家；见到我和男生通电话，便和我打探是谁打来的，还总提醒我"别让人占了便宜"，就好像我完全是个"傻白甜"。

在家里虽然吃现成的，但我已经感到非常不自在了，出去租房又要额外开支，该怎么办呢？我妈扣我的工资，我该怎么拒绝？

刘律师：

一个人成年并开始工作后，其实可以真正独立了。我一直认为，成年以后最好早一点从家里搬出去，这样既能培养自己独立生活的能力，同时也能让父母歇一歇。只要待在父母跟前，在父母眼中你便永远是长不大的孩子，而父母也习惯了对你的掌控，很难做到放手。

如果你的收入可以支撑房租，完全可以考虑搬出去单住，如果生活有压力，也可以考虑与人合租，这样既可以省钱也能搭伴，互相有个照应。

当你独立居住、独立生活时，也更能体会生活的本真。

只要你打定主意搬出去，父母是无权阻止的，他们也无权控制你的工资。在法律上，一个人成年后，就具有了完全民事行为能力，所有的工资收入是属于个人的私人财产，成年子女对自己的人身和财产具有完全的管理权和支配权，任何人都不能横加干涉。但从另一个角度看，成年子女对父母也有法定的赡养义务，而赡养义务不仅是经济方面的赡养，也包括精神方面的赡养，比如"常回家看看"。因此，即便是搬出去独立生活，也应与父母保持必要的联系，休息时也应常回家看看，帮父母做点事，履行作为子女的一份责任和义务。

董公子：

　　在人生的旅途中，我们时常会面临各种选择，这些选择无一不伴随着利与弊的权衡。我们之所以感到纠结，往往是因为内心深处渴望一种"既要又要"的完美状态，既希望享受家庭带来的温暖与便利、免费的住宿和现成的饭菜，又希望拥有足够的自由空间，不愿受到父母的过多干涉。

　　然而，我们必须明白，任何选择都不是毫无代价的。在得到的同时，我们也必定会有所失去。那些清楚地知道自己想要什么的人，能够更加坚定自己的选择，从而避免不必要的烦恼。如果明确自己更需要家庭的便利，那么就要试着接受父母从生活习惯、金钱消费到交友各方面的一些监督和关心。如果实在忍受不了这些，而且它们已经影响到自己的心情和状态，那就需要"花钱买清净"，搬出去住，和父母保持适当的距离和偶尔见面的舒适感。

　　成年人的成长，就是在这样一次次的取舍中，逐渐明确自己的价值观，定位自己的人生方向。每一次的选择，都是一次对自我认知的深化，让我们更加了解自己，更加坚定地知道什么是适合自己的。

02

女孩子需要为自己买房做准备吗？

我工作 3 年多了，因为和父母住一起，生活费也不需要太多，工资就都存了起来。我平时比较节俭，不乱买东西，也不买奢侈品，目前存了 30 万元，算上父母帮我存的压岁钱，我个人财产有 40 万元了。

我一直想买套房子，看上了地铁附近的一个小户型商住公寓，总价 120 万元，首付需要 50 万元。我向父母提出借 10 万元买房，可他们强烈反对，说女孩子早晚要嫁人的，男方家都会准备房子，自己买房还要贷款。我买商住房一是为了自住，二是为了注册公司方便。我准备兼职创业，想趁着自己年轻多赚些钱。但父母反对，我该不该坚持？

刘律师：

你的想法非常好，我非常支持你，这也是我一直坚持倡导的，女孩子也要为自己买房做准备。

女孩子为自己买房，会增加自信和底气，会拥有更多的选择，万一不结婚呢？万一以后离婚呢？自己有了房子，无论发生什么变故，你都不会恐慌。

首付还差 10 万元，并不算多，你和父母尽量协商，或可以用借款的方式解决，只要说通了，父母应该会支持你。你已经成年且独立工作，存款也属于自己，买房这事自己就有决定权，不要放弃。

我看过太多的案例，女方结婚要房子，离婚争房子，为了房子，双方撕扯得很难看。如果女方自己有了房子，便会从容很多。自己买得起，何必在别人的房子上加名字呢？又何必去争夺呢？

提醒女性朋友，想要买房，自己婚前能买则买，争取结婚前还清贷款，结婚后尽量不要"二合一"，要保留自己的房子，以备不时之需。

即便你不打算自己买房，也应该做好储蓄，为以后共同出资买婚房做准备。那个时候，房产证上加名字不仅理直气壮，而且天经地义，你说是不是？

董公子：

工作 3 年多，靠工资存了 30 万元，这说明你是一个收入稳定并且花钱有节制的姑娘。我觉得你既然有这个经济能力，又有这个愿望，完全可以买。

我们总说人要保持"单身力"，意思是不管我们在不在一段婚恋关系中，都要有独立生活并且能够活得很好的能力。这种能力包括很多，比如独自生活的能力、爱自己的能力、两性吸引力，经济能力也是其中很重要的一点。

现在一些父母会主动为成年后的女儿买套房子，为的是女儿在单身时能够过得更潇洒、有底气，即使日后结婚了也能有自己的一片小天地。在想一个人独处的时候，或者两个人闹别扭的时候，有个安全的小窝可以去。

至于你父母的想法，需要你去影响和说服，婚后有房住和现在你为自己规划，完全是两件事，或者换个角度来看，有房子傍身也会让你在择偶时更有优势。

你想买套房，还准备用房子来创业，趁着年轻多挣些钱，这是非常积极的想法。如果创业成功，房子等于是你对自己未来的投资。想好了就去做，为自己投资，让自己变得更好，永远不会错。

03

女性如何防止职场性骚扰?

我大学刚毕业,就顺利入职一家有名的大公司,同学们都说我很幸运。可是不久后,烦恼便接踵而来,我很困惑。

我的部门领导是个男的,30多岁,已婚,人非常热情活络,总是帮助我、提携我,还经常给我带早餐,我不好意思拒绝,而这也引得同事们议论纷纷。

出去谈业务,他总带着我,因为我漂亮,又能喝酒,他觉得很有面子。能喝酒这个事,我纯属遗传,但我本人并不嗜酒,自己也很少喝。他在一次公司团建时发现我能喝酒,于是一逢酒局就带上我。可是酒局上那些人,话里话外总在意指我是"他的人",他似乎很享受,从来不去解释,我很尴尬,也很生气。

令我难以忍受的是,他经常发微信说一些暧昧的话,我装看不见也不回复,可他并不收敛,反而变本加厉,经常趁着办公室没人或外出办公时，对我动手动脚，比如捏一下我的脸，摸一下我的后背，或拍一下我的臀部和大腿。我感到非常不舒服，但不知道该如何应对。直接回绝翻脸，工作还怎么做？忍着吧，又担心他更加肆无忌惮。我该怎么办？

刘律师：

初入职场，面对这样的情况可能会不知所措。但我们可以坚定立场，表明自己的态度，学会拒绝，勇敢说"不"。否则，对方只会变本加厉。

如果不能保护自己，不如想办法脱身换一份工作。被骚扰，被非议，不开心，紧张惶恐，完全没有安全感和尊严感，这样的工作有什么价值呢？如果不想离职，看看公司还有没有更大的领导可以制约他，你的同事们有没有人愿意帮你。这件事不是你的错，性骚扰是侵权行为，所以你要挺直腰杆，把这件事勇敢地说出来，寻求周围人的援助。同时，你要准备方便随身携带的录音录像设备和必要的防身工具，以便随时取证和防卫。尽量避免单独与他相处，外出坐车不要坐在副驾驶位置上，要坐在后排（副驾驶后面的位置），和他保持安全距离。不想喝酒就说自己身体不舒服，尽量找理由拒绝。

发生职场性骚扰后，我们鼓励女性拿起法律武器保护自己，但这都是事后的补救途径，有时候会因为证据欠缺等因素而不能够有效维权，因此，最关键的还是要做到自保和预防，降低被侵犯的概率。

女性在突然遭遇骚扰时，不要怕，也不要不吭声，而要明确拒绝、反击或大声呼叫，或马上报警，这些都可以让对方产生忌惮和畏惧，让他觉得你并不好惹，并不好欺负。如果没有人可以制约他，你在取证后可以谈离职、谈赔偿，一旦遭遇不公正解约，你也可以拿着证据去举报、去仲裁、去起诉。他发给你的信息、录音录像资料都是性骚扰的证据，一定要留存好。

记住，一方面保护自己，另一方面巧妙取证，这才是制胜法宝。

董公子：

有些刚毕业的女生，社会经验少，性格软弱，碍于工作不敢得罪领导，很容易成为职场性骚扰的目标。所以，我们就要反其道而行之。

当对方认为我们不敢作声的时候，我们一定要大声喊出来，性格泼辣点、厉害点。很多想占点儿便宜的男人因为害怕多事，所以不敢进一步试探。如果自己一直忍着，对方还以为是默许，保不准做出什么不可收场的事情，还不如将其想法扼杀在摇篮里。

还要尽量减少两个人相处的机会，进去汇报工作时故意开着门，大声说话，或者拉个同事一起。外面的饭局能推就推，即使因工作不得不参加，也要吃完饭自己打车先离开，不给对方机会。另外，还可以求助一起工作的女同事，让她们在领导单独找你的时候，故意去敲门、打断等。

多些保护自己的手段，别让对方发现你是个"小白兔"，就会好一些。当然，如果有进一步的危险，咱就得以自保为主，该反映就反映，宁可不要这份工作，也不能搭上自己的人身安全。

04

频繁辞职、跳槽，应注意哪些问题？

我是名牌大学毕业生，成绩优异，因此对工作单位很挑剔。我在面试的时候就拒绝了很多公司，说我傲娇也好、挑剔也罢，我觉得自己有这个资本。在试用期的时候我一共换了三家公司，目前这家已经过了试用期，也签了为期一年的劳动合同。工作三个月了，可我还是后悔了，认为这家公司的企业文化并不适合我。

比如，每周一的早上，公司都要利用半小时的时间开例会，每个人都要发言、表决心，然后还要做操。我对此非常反感，觉得这是形式主义，也是在浪费时间。我不想发言，也不愿意参与，就被边缘化、被说教，甚至被强制参与。

公司的每个团队都规定中午吃饭一定要聚在一起吃，说什么一边工作一边沟通，随时解决问题。对此我也非常抗拒。"食不言，寝不语"是古训了，午餐时间也属

单身生活

13

于个人休息时间，凭什么要一起聚餐呢，这不是侵犯个人权利、强人所难吗？

类似的不能忍受的事还有很多，我又要离职了，应注意哪些问题？

刘律师：

你的那些关键词"名牌大学""成绩优异""傲娇""挑剔"基本上概括了你的全部特征。名牌大学和成绩优异让你傲娇和挑剔，可能也导致了你缺乏包容。似乎，你拥有了任性的资本。

但是，职场有规则，合同有约束，违背这些必然要付出相应的代价，如道德风险、经济赔偿。

你参加工作才半年时间，接连跳了几次槽，难道那些公司都不好？有没有想过会不会自己也有一些逻辑问题？频繁跳槽会影响你今后的面试，会让招聘者觉得你"不靠谱"。试用期的时候还好说，有双向的选择权，可一旦正式签约，双方都要受到合同约束，谁违约谁就要承担违约责任。

不认同公司的企业文化，在一家公司待得不适应，工作得不开心，但你有没有想过，你再换一家，又会如何呢？你如果不努力调整好自己，去哪儿工作可能都很难适应。

尝试去适应，去接受，如果实在不行，再考虑辞职。辞职的话，提前 30 日以书面形式通知用人单位，期满后就可以解除劳动合同；或者可以跟公司协商。这样就不需要赔偿。

建议你把心态沉下来，踏踏实实干好眼前的工作，坚持到合同期履行完，那个时候，或许你自己会有新的体会和认识，说不定还可以得到加薪和续约呢！即便你合同期满不想续约，也不属于违约行为，而且积攒了一年的经验，也会为以后的面试、入职奠定很好的基础。希望你好好考虑一下，不要轻易离职和跳槽！

董公子：

选工作跟谈恋爱一样，开始双方亮出的都是优点，等到在一起相处后发现跟想的根本不是一回事。

企业文化能不能融进去，确实关系着工作的乐趣和心情，刘律师说得对，建议刚开始先试着接受，毕竟辞了这个，下一个不一定更好。

当然，如果实在受不了公司的领导风格或者人文环境，想换工作也要先为自己打算好。最好是找到下家再提离职，这样内心从容，可以慢慢比较；另外，在现有单位多积累经验和资源，为下一份工作打基础。而且离职时最好和单位好聚好散，不要闹得难看，因为一些公司要做背景调查，会向上一个单位了解你的情况。同时你要留意现在单位的规章制度，确保离职后利益不受损失。

05

不想顺从父母的意愿去谈恋爱，怎么办？

　　我今年23岁，大学毕业刚一年。从我进入大学那年开始，家人总是拐弯抹角地追着问我有没有谈对象，一开始我还愿意回答，但现在已经被问烦了。

　　说实话，现阶段我对谈恋爱没什么想法，一方面没遇到合适的人，另一方面看有些朋友的恋爱谈得比较痛苦，总吵架闹别扭，也觉得没什么意思，还不如一个人开心。

　　身边很多朋友跟我一样不想谈恋爱，也都被父母、亲友叨唠着，不堪其扰。单身不是更自由、更快乐吗？难道我们必须顺从父母的意愿，不谈恋爱就是大逆不道？我该怎么办？怎么来说服父母呢？

董公子：

没有恋爱欲望是一些年轻人的心理现状。一方面，手机和猫成为生活新宠，很多人拥有这两样寄托就觉得生活已经富足美满。另一方面，恋爱中可能遇到的种种问题也让人望而却步。

不可否认，任何事情都是喜忧参半的，爱情也是，再甜蜜也总会夹杂着争吵、猜忌、伤心难过。但是，爱情也是人生的重要课题。我们恋爱不仅是为了了解和接纳别人，也是在发现和了解自己。

当然，恋爱重要和必须谈恋爱不是一回事，要遇见对的人才可以。喜欢谈恋爱的人可能会因遭遇重大创伤而不想再谈，不想谈恋爱的人可能遇见一个合适的人便会"来电"，所以我们的想法有些只是一时的。暂时不想谈，那就随缘，不用逼自己。

至于如何去说服父母，最好的办法就是自己过得特别精彩和快乐，让父母放心。大部分父母虽然催，但本质还是希望孩子能够幸福。所以一个人，也要过好自己的生活。

刘律师：

只要你自己活得快乐自信，不给他人添麻烦，父母看到你生活得好，也自然不会总担心你、催你恋爱结婚了。

父母担心子女的婚恋问题都是可以被理解的，作为子女尽量不要直接回怼：关你什么事儿啊？这是我自己的事，不要你管！这样不但会伤害父母，而且也会增加他们的焦虑和叨唠，从而导致你们的关系紧张。

　　你可以轻松淡定地跟父母说：我年纪还不大呢，先忙着学习、工作，等我腾出时间，会认真考虑的，遇到合适的，我一定会第一时间通知你们，让你们帮我把关。

　　从法律角度看，你是成年人，《宪法》和《民法典》赋予了个人婚姻自由，即便是父母也不能横加干涉，你有权自己作出何时去恋爱、结婚的决定。

　　其实，很多时候矛盾的产生是因为双方沟通不到位。如果一次两次说不通，那就多说几次。尝试互相理解和体谅，实在不行，对父母，善意的谎言也是很有必要的。

06

面对催婚，怎么办?

从我工作开始，每年春节回家，父母和一众亲戚就轮番催婚，弄得我都害怕回家、害怕过节。平时我打电话父母也动不动就问有没有男朋友了，甚至还放狠话说没有就别回家了。

有时候真想雇个人跟我回家堵上他们的嘴，但是又觉得：结不结婚，不是我自己的事吗？我没必要啊！我总是处在烦躁、纠结中，心想：要不干脆结一个再离，让他们后悔去？

董公子：

如何应对催婚，这件事已经成为很多年轻人的"重大课题"，有人也是绞尽脑汁想出各种高招。比如，找个人冒充男朋友或女朋友，假期假装加班不回家，等等。

其实应对催婚，首先要看催婚对象。如果对方是七大姑八大姨这种亲戚，完全不必太当回事，要知道她们很有可能也是客套，因为一年见一两次面实在不知道说什么，所以才问出"有对象了吗""挣多少钱"这种问题。这些亲戚跟自己的生活关联度不高，随便应付应付就可以了，完全没必要因此而影响自己的心情。

如果催婚对象是父母，要分清他们是真着急还是受他人影响。父母是最关心子女的人，如果他们真担心着急，先好好跟他们沟通。毕竟两代人生活在不同年代，如今又生活在不同地区，可能在父母的观念里，到年龄不结婚是件很可怕的事，可以试着让父母多了解自己和身边的环境，接他们来感受大城市的氛围和同样单身的朋友们。如果父母特别坚持，也可以适当地保持距离，每次回家减少一些时间，有时候关系"远来香"。

至于你说要不要随便找个人嫁了，真不要用这种"杀敌一千，自损八百"的方式，毕竟人生是自己的，别对自己"下狠手"。

刘律师：

董公子说得很对，千万别干"杀敌一千，自损八百"的傻事，为了应付父母，就随便结个婚再离。这纯属在给自己挖坑，万一你跳下去跳不出来可咋办呢？老话说得好，婚姻不是儿戏。

父母对孩子的爱是最原始的本能的爱，可能爱的方式让你不舒服，但你可以灵活应对，或稍稍减少与他们相处的时间，想办法引导父母把精力放在他们自己身上，让他们有事做，自然就减少了对你的关注。

　　只要你自己有定力，谁能拿你怎么样呢？法律上规定婚姻自由，禁止买卖、包办婚姻，谁又能强制你结婚呢？你让父母感觉到你生活得很幸福，工作也顺利，他们自然也就放心了；你时不时透露身边有很多追求者，自己正在认真选择，他们也就充满了希望。记住，千万不要让他们产生绝望情绪，那是很残忍的。

　　要学会多用智慧去处理问题，正确理解父母的善意。

07

30 岁前必须恋爱和结婚吗？

从我刚大学毕业，父母和亲戚们就一直催我相亲找对象，每年过年回家都要见一些不熟悉的人。如果不见，父母还不高兴，说亲戚们都是为我好。现在我 27 岁了，还想在事业上好好努力，有时间多出去走走看看，不着急结婚。

可老家的亲戚朋友都说 30 岁再不定下来就"掉价"了，真的是这样吗？我身边很多同事都是 35 岁甚至更大才结婚，也挺幸福的。我可以等事业稍有成就、见识有增长后再结婚吗？

董公子：

当然可以。因为你的人生你做主。

人生有时间表吗？有，因为从出生到死亡是有时间限制的。但人生有日程表吗？没有。有的人先出发，有的人后出发，有的人选择走走停停，具体怎么做都看自己，没有一定之规。

总有些人喜欢用自己的经验来约束别人，告诉对方什么时候该读书、该谈恋爱、该结婚，其实具体理由他自己都说不出来，就觉得应该这样。真等你结了婚，这些人又要催生、催二胎。有些人自己的人生过得都不明白，却习惯于不断地指导别人。

人生又不是赶路，着急完成 KPI（Key Performance Indicator，关键绩效指标），沿途才是最美的。我们要遇见合适的人，看过想看的风景，像你所说的在贪玩的时候做自己想做的事情，才不会在结婚后留下很多遗憾。

先结婚不一定幸福，晚结婚也不一定嫁得不好，让自己更加优秀、更加富足，才能拥有更幸福的人生。当然，太晚结婚可选的对象会变少，这一点自己应清晰认识和把握。

刘律师：

俗话说"三十而立"，立就是成家立业的意思，因此，大家就自然把应该结婚的年龄定位在 30 岁，好像 30 岁就是结婚的一道坎。

我认为，不必给自己设限，恋爱、结婚最好遵守自然规律，自然而然，水到渠成。遇到合适的人就去谈恋爱，如果想结婚，男性满 22 周岁，女性满 20 周岁就符合法定的结婚条件，但法律上没有 30 岁前必须结婚的规定。

建议所有的男孩和女孩，可以考虑先努力为未来的婚姻生活打牢物质基础，30 岁后恋爱结婚也不晚。

08

在重大问题上，我和父母看法不一致，怎么办？

我来自一个小城市，在大学学的是设计专业，毕业后来大城市闯荡。我想留在大城市，但父母不同意。他们一会儿劝我回老家，说人脉广，生活容易；一会儿让我回去相亲，说我家在当地条件不错，好找对象，可以找一个条件不错的人结婚。最近，他们又张罗着在老家给我买房，说在大城市租房住的生活太辛苦。

可是，回老家生活一辈子根本不是我的计划和想法，我还想有机会再出国学习两年呢，我该怎么说服父母接受我的想法？

董公子：

留在大城市的好处是工作机会多，收入高，生活更精彩，但节奏快，压力大，买房安家成本高。回乡的好处是生活节奏慢，压力小，缺点是收入高的好工作相对难找，也比较无聊，可能缺乏成就感。你是学设计的，面对的问题更为突出，何况你已经适应并喜欢上了更大的世界，很难再退回去。

父母总是希望子女能够生活得容易，尤其上一代吃过苦的父母，更不希望儿女靠自己打拼。但是，这种希望是不是子女的愿望，他们并不知道。有人说，如果你的父母不是比你职位高很多或者见识多很多，那么他们的人生经验对你来说就没什么参考性，他们的意见反而很可能会束缚你。

所以，你现在面对的问题就是如何说服父母，支持你留在大城市，甚至出国深造。常用的方法是"目标＋描绘场景"，于你而言，就是明确告诉他们你的目标是留在大城市，同时描绘你今后稳住脚跟会给父母带来什么样的改变，比如，接他们来大城市一起过更丰富的生活等。

生活中尽量展现好的一面给父母，比如，向父母讲述工作中的场面、见到的新事物，和朋友们的交际交流。你过得越好，父母越放心你留在大城市，对比当地，他们更能明白家乡给不了你这些。

未来要出国，你要自己攒钱，至少要承担大部分。我们跳出养育地，更多地要靠自己，父母给不了太多支持，这也是他们担心的。所以能够自给自足是我们给父母吃的"定心丸"。

单身生活

刘律师：

董公子分析得很透彻，把去留的利弊优劣分析得很清晰，接下来就看你自己的选择和取舍了。

我就曾后悔过，没能在最适合的年龄来到北京，那会儿我才 20 多岁，父母过于担心，不准许我远离家乡，而我也屈服于父母的控制。等我到了 30 多岁的时候，才拖家带口开始"北漂"，信心和独立是具备了，但同时压力也是成倍的。如果可以重来，按照自己的想法规划，我觉得整个人生可以改写，至少不会白白辛苦了多年，会比现在更好。

但话又说回来，如果在大城市里过得不好，会不会羡慕老家稳定的生活呢？

人生就是来体验的，就是要经历各种折腾，经历风雨才能看到彩虹，翻山越岭才会看到不一样的风景。我完全支持你按照自己的意愿去行动，不给自己留下遗憾，只要能够为自己的选择负责。同时，你也有义务安抚好自己的父母，不要让他们过于为你焦虑。

09
如何应对容貌焦虑？

我的长相、身材都一般，从小到大都没有存在感。尤其这几年我越来越焦虑，因为我觉得到了社会上，脸好看似乎做什么都相对容易点。尤其在社交平台上，那么多女生会化妆、会打扮、会拍照，怎么都那么好看，我觉得很自卑，不爱出门也不爱拍照。

我每天在单位也努力做个隐形人，做什么都不敢冒头，总觉得那些容貌好的人会有更多机会，而我却不敢去争去抢，因为自己太普通了，甚至感觉自己很渺小、很卑微，没有资格去争取什么。

我想问问，像我这么平凡无奇的人是不是没有未来和前途了？

单身生活

董公子：

姑娘，别灰心，其实每个人都有焦虑，如容貌焦虑、工作焦虑、年龄焦虑、社交焦虑，我们终其一生要学会接受的就是，我们当中的很大一部分人其实都会是平凡的人。

你说得很对，现在的一些社交平台的各种信息确实制造了容貌焦虑，但是镜头下的并不一定真实，滤镜带来的美丽也是。长相、身材都普通是正常现象，如果很在意这件事情，希望自己可以更漂亮，我们可以通过健身以及适合自己的打扮、化妆来实现。其实，只要有自己的风格，就会有人喜欢。还有，追求美这件事，不要懒，吃着薯片，看着手机，羡慕别人，还不如站起来去锻炼。

除此之外，人的魅力当中，长相其实只是一小部分。我见过很美但一聊天就让人无语的"空壳少女"，也见过越接触越觉得有味道、有吸引力的"第二眼"美女。我们读的书、见的世面都不是白费的，现在讲的松弛感、自信感皆出自此。

让自己行动起来，内外兼修，你的人生才会越来越自信，你的气质容貌也会随之变化，变得更有光彩。当你手中的筹码越来越多，容貌、年龄、婚姻方面的焦虑就会大大减少。

刘律师：

其实每个人或多或少都对自己的外表不满意，都会有焦虑感，只不过表现程度不一样而已。事实上，哪有百分之百完美的人呢？

不可否认，容貌姣好的确是一个优势，但不是决定性的。实际上，人们通过相处和了解，更喜欢那些性格、品行良好的人，更欣赏有才华、有能力、有担当的人。

我也曾有过容貌焦虑，个子小，不漂亮，没自信，见人不敢说话，就是现在所谓的"社恐"。但随着知识的积累、阅历的丰富和职业的成就，我逐渐建立起了自信，状态也越来越好，认为自己是独一无二的，也认为自己是有魅力的。

希望你内外兼修，坚持学习和提升自己，树立自信，不断成长，相信你会变得越来越美。

谈情说爱

怀着最好的期望，
也做着最坏的打算

02

10
如何与异性建立亲密关系？

现场咨询室

我今年30岁，"母胎单身"到现在。上中学的时候也有过喜欢的男生，但是那时候学校和家里都不让谈恋爱，所以我和男生接触很少。到了大学，看着同学们都谈起了恋爱，我才发现自己根本不知道怎么和异性建立亲密关系。

其实也有人追过我，但我总是很紧张，遇到自己喜欢的人，表现得特别拧巴，觉得一下子答应下来很轻浮，必须拒绝几次，就这样失去了很多机会。即便有机会和男生出去吃饭、看电影，我也总是发挥不好，词不达意。如果对方想拉我的手，那我更紧张了，有时还会下意识地甩掉或者跑掉。所以我觉得，我很有可能就一直单身下去了。两性关系对我来说太难了。

董公子：

和异性在一起会表现得不够自然，不知道怎么聊天。这其实是个共性问题，大部分人都会遇到，而且不分男女。

我知道很多内向的姑娘会羡慕外向的人，怎么能和男生在一起聊得那么自如，那么会表现？但是，那些看似外向的姑娘也会跟我倾诉她们的困扰，她们觉得男生其实更喜欢内向的人，而自己只是怕相处时尴尬，故意一直找话说，特别辛苦。

你再看有些男生，他们为什么大部分时间喜欢和兄弟待在一起，吃饭、喝酒、打游戏，也是因为他们和异性在一起会紧张，不知道说什么、做什么才能取悦对方。

这里面就有一个共性答案，那就是放弃取悦对方，努力取悦自己，这其实才是与人相处时最舒服的方式。很多人在和异性交往时，总是想着怎么让对方开心，或者让对方喜欢自己，但是这样做束手束脚，不仅自己紧张，对方也会感到你的紧张，从而不自在。

可我们在和同性交往的时候，都是通过习惯和喜好去寻找同类做朋友，喜欢就多在一起玩，不喜欢就不玩，无所谓讨好与猜测，这样就会轻松自在很多。

其实人在做自己的时候，也是最精彩、最放松的时候，这个时候是最具有吸引力的。你要相信，不论你是怎样的性格，有着什么样的爱好和习惯，平时喜欢上进还是摆烂，都会有人喜欢你这一款，所以下次和异性单独相处，你就一直问自己：

我想怎样？怎样做我才能觉得自在和快乐？

想多说话就说，想沉默就不说，想看什么电影就讲出来，愿意牵手就牵，不愿意就明确表示。有自己的性格和原则的人，最让人喜欢。你试试，当你做自己时，才能筛选出真正合适的人。

刘律师：

董公子分析得很透彻，你要学会让自己放轻松，尽可能多接触异性，积累信心和经验。

30 岁是一个分水岭，如果你还是放不开自己，可能就会更加固化自己的观念和标签，接触异性会越来越难。

如果没有恋爱经验，再加上自己着急和被催婚，为了完成任务很有可能会和一个完全不配的人结婚，甚至可能遇到骗子。这两种情况都是危险的，也是对自己不负责任的。我办理的诈骗案件中，女性被骗居多，而且在以婚姻为名义骗钱的案子中，还无法追究骗人者的刑事责任，甚至民事责任也无法追究。比如，曾有一个案子，男方和女方结婚后，很快将女方的房子抵押套现挥霍掉，女方无力偿还，被银行起诉拍卖房子，最后也无法追究男方责任，因为是夫妻关系，要共担风险。

遇人不淑是一方面，也有很大的原因是女方缺乏恋爱经验，轻信了男方的甜言蜜语。所以，姑娘们一定要擦亮眼睛，慧眼识人。

11

怎么选择合适的结婚对象？

　　老师，您好，我现在到了适婚年龄，自己的形象、学历、家庭各方面条件还可以，所以家人、朋友给介绍了很多相亲对象。这些男生有的学历好，有的工作好，有的家庭条件好，还有的形象好。我其实觉得都还行，应该都是不错的人选，但又感觉都差不多，看多了也不知道该怎么挑选了。

　　很多人跟我说，结婚和谈恋爱不一样，要考察的地方也不一样，所以我该怎么选择合适的人呢？

董公子：

　　你的感觉很对，其实如果说适合结婚，单从条件上来说，确实有很多适配对象。选某个方面特别优秀的，比如学历、经济能力；也可以取最大公约数，找各个方面都相对优秀的。

但是谈恋爱、结婚这两件事和其他任何事情不同的就是，不是单从条件和简历上筛选就够了。我之前跟婚恋网站的创办人聊起过，如果真是条件合适就能成，那婚介工作可太简单了，录入数据就能生成匹配结果。

难就难在，谈恋爱、结婚这两件事都需要靠感觉。感觉这个事毫无规律，必须靠相处。很可能方方面面匹配的人你就是提不起兴趣，看起来不般配的两个人却一下子感觉对了，就认定了对方。

所以，你所谓的这些人个个不错，也有可能是个个都一般，因为真正遇到喜欢的，觉得对的人，你会觉得和其他人相亲、聊天都是在浪费时间。

谈恋爱风花雪月，生活柴米油盐，哪段关系想要长久都不容易，前期的感情基础很重要，这样双方才能够在看对眼了之后，愿意一起经历互相磨合和适应的过程。

看看那些幸福的伴侣，有一些共性是可以参考的。比如，有的人是你一见到就觉得心生欢喜的；有的人是见面总有说不完的话，觉得灵魂特别契合的；有的人是总能让你开怀大笑，在一起感觉时间都变快了的；有的人是能让你特别放松和信任的。这些都是好的伴侣的特征，不用每个都占，但是有一两点就会好很多。它能让你在今后吵架的时候，看到对方的脸就觉得一切都值得原谅，或者观点不一致的时候愿意妥协和退让。

所以，一定要通过两个人的交往和相处，找到兴趣和三观与自己比较匹配的，才能抵挡岁月漫长。

刘律师：

　　找合适的恋爱结婚对象，首先要确认对方是否单身，是否有婚史，出于什么原因离婚或单身。其次再开始考察其他方面，最后开始正式交往。

　　现实中，常有一些女孩子被已婚男骗，不得已"被小三"，可又苦于缺乏证据或自己不想声张，觉得丢人，只能独自咽下苦果。

　　恋爱对象，互相了解对方的基本信息，核实身份是必需的，你要知道这个人是否真实，然后再核验他所说的"单身"是否属实。如果对方拒绝出具证件，由此基本可以断定他有问题，你就应该当即断交。

　　如果他是离了婚的，你要了解他离婚的原因，要求看离婚协议书或法院的离婚判决书，看看都写了什么，如果存在家暴、出轨这样严重的过错，建议你不要继续与他交往。这样的人，你和他结婚，就是往坑里跳。

　　两个人基本确定交往以后，要多交流、多相处，看看各方面是否合适。同时也要了解对方的家庭情况跟自己的是否匹配，你和对方的家人相处是否融洽。这些都会直接影响你们之后的婚姻关系。

12

朋友都说我是“恋爱脑”，我该怎么办?

我不谈恋爱时挺清醒的，一谈恋爱就会比较主动。一开始对方特别爱我，时间长了就腻了，觉得我没有“自我”。尤其是对方一冷淡，我就更“上头”了，通过对对方加倍好来换回他的重视。

朋友都说我是“恋爱脑”，付出太多不会有好结果，真的是这样吗?“恋爱脑”是否就都是有害的?

董公子:

这个问题挺有共性的，估计很多女孩子都或多或少遇到过。恋爱中要不要全身心付出?付出太多是不是不被珍惜?对方一说不爱了，就更上赶着。

我们说爱情其实也是人与人的交往，那就跳不出人性。人喜欢追求新鲜感，但又渴望稳定。

你看人对什么事情最上心？不确定的人和事，因为担心有变动，所以总在心里琢磨。人对什么事情感到最踏实？稳定的、确定的事情，比如，人为什么会对亲人随便发脾气，在外面就不敢？因为亲人的包容是我们确信不疑的。

谈恋爱，其实就是双方经历从新鲜感到确定感的过程。暧昧期和确定关系初期最有意思，因为一切有待开发，对方的喜好、底线，对我们的情感，都要去试探。但是一直拉扯，极限推拉，时间长了都会疲惫。人内心总是渴望被坚定地选择，渴望双向奔赴。

怕付出太多不被珍惜，其实关键要看你在付出的同时还有没有"自我"。有的人相爱后只求对方开心，觉得自己不重要，看轻自己，那对方就会用你的视角来同样看轻你。有的人对对方好，其实只为了自己开心，当对方不符合自己心意时，既能勇敢说"不"，也可以潇洒转身。这类姑娘就比较厉害，我可以对你好，也可以对你不好，在恋爱中比较独立。

所以，重要的不是你为对方付出得多不多，而是你对自己有没有足够的重视和爱。先爱自己的人，才更容易被爱。

至于说，从对方"下头"的一刻，我就开始"上头"，这也是很多人常见的一种心理，其实就是怕失去或者怕失败。这种时候，人性的表现其实是这样的，对方说要离去，如果你能够轻易放手，那么他就开始患得患失。一旦你显示出害怕失去，紧紧抓住不放，那么对方就会更想跑。

拿得起，放得下，虽然很难，但是很值得修炼。

刘律师：

"恋爱脑"的人一般是付出型人格，一旦爱上一个人就会全身心投入，做什么都心甘情愿，以为付出就是爱，同时这种人往往也善良、真诚、可信任。

这可能是天生的性格问题，也可能是缺乏恋爱经验，只有吃过一两次亏才会有所觉醒，别人是很难唤醒的。

"恋爱脑"的人不仅容易被对方精神操控，还很容易被骗财。

还是要提醒"恋爱脑"的人，在恋爱中也要保留自尊和分寸，一味地付出只会让对方看轻你，更容易把控你。最后，要记住管好自己的钱财，别轻易赠送和借款给对方。

13

门当户对重要吗？

　　我是名牌大学的毕业生，父母开了家公司，现已经上市。上小学的时候父母就把我的户口迁到了上海，前两年还给我买了套四居室的大房子。从小到大我都由保姆照顾。

　　我在学校谈了个男朋友，他来自偏远农村，家里条件很一般，但是他的身材、长相都很不错，人踏实本分，学习好，在学校相当出众，一直是学生会主席，还是校园十佳歌手。

　　这么说吧，在学校里是我高攀了他，但是家里人都叫我不要犯傻，要我回上海找个本地条件好的人。我不在乎条件，觉得我们在一起很快乐，我家也不差钱，找个老实踏实的男朋友不好吗？

董公子：

对于现在的你来说，开心最重要，你在学校选择了喜欢的人，让自己开心，这么做没错。

但是毕业后步入社会，会面对更多的事情，双方的家庭、父母的人脉、自己的同学交际圈层，都会决定我们的眼界、格局和未来的发展。我知道你愿意带他进入你的社交圈，这是可以的，但是时间久了，两个人感情淡了之后，你可能慢慢会觉得，对方在很多方面都不能给你助力，反而还会拖累你，到时或许会有怨言和不平衡。这些都要提前想到。

毕竟学校和社会的价值体系不同，婚姻和谈恋爱的衡量标准也不一样，所以在学校里你说是高攀，步入社会，你则是条件非常好的适婚女性。关于门当户对，其实有时候也不光是金钱方面的，而且是价值观、消费观、家庭观，对子女的教育观等各方面的匹配。

家庭条件相似的，可能在这些方面更容易接近，而原生家庭差距过大，在真的组成家庭后，可能你的消费水平，准备生几个孩子的考量，春节一定要回家过年还是可以出国旅行，这些之前从来不是问题的问题，都会让双方甚至双方家庭产生矛盾。这也是现在人们很推崇门当户对的原因，生活的相似性大，更容易求同存异；差距过大，要磨合和互相妥协的地方就会多。

但是，感情毕竟不是等价交换，各方面合适的不一定喜欢，喜欢的不一定匹配，所以多思量、想清楚，不急着作决定。人生还长，你还年轻，多看看，多经历。同时，你们两个也都会在步入社会后，成为新的社会人，到时候再看，或许两个人会更好，或许会很难，时间会给你答案。

刘律师：

我觉得门当户对还是挺重要的，父母的意见真的不能忽视。从生活实际中的大量案例来看，双方家庭差距较大的婚姻，走下去确实很难。

即便两个人再相爱，也很难抵挡双方家人日积月累的矛盾和冲突，时间久了就会影响到夫妻之间的关系。

不过话说回来，生活中哪有那么多完美的事呢？

生活就是，到什么时候就说什么话，该体验就体验，该恋爱就恋爱，想结婚就结婚，让时间来证明一切。时间和经历会让你更成熟，也会验证你自己的选择。

但是，需要提醒你注意保护财产。根据现有法律规定，你父母的财产和你的婚前财产跟男方没有关系。但是，只要你们结婚，你们之间就有了千丝万缕的关系，你们作为夫妻，是彼此的第一顺位法定继承人，假如你出现意外，你的老公就有对你的财产的继承权；另外，假如你的父母因意外突然离世而没有留下遗嘱，那么你从父母那里继承的遗产也属于夫妻共同财产。

为了预防财产风险，你可以在婚前做好规划，提醒你的父母通过遗嘱、信托等方式守护财产。你自己也可以写遗嘱，或跟男方签署婚前协议。

当然，生活是自己的，自己要有勇气、有能力去把握，不后悔就行。

14

父母看不上我的男朋友，我该怎么办？

我今年 29 岁，在工作中认识了现在的男朋友。他是我们兄弟单位的员工。随着交往增多，我们就在一起了，感情还不错。周末我邀请他到家里吃过几次饭，我能看出父母对他态度很冷淡，完全不像之前对我的男同学们那么热情和好客。

通过沟通我大概了解到，我父母对他不满意的地方有几个：他不是本地人，家在外地；学历不如我高。另外，他人比较老实，不会说那些客套话，不怎么会讨父母欢心。不像我那些同学，每次把我爸妈哄得忙活一天都高兴。

现在我跟他交往，父母既不反对，也不支持，但是我是想规划结婚的，感觉他融入我家不容易，怎么办？

董公子：

谈恋爱如果到了结婚这一步，父母的意见非常重要，毕竟结婚真的不只是两个人的事，还是两个家庭的事。

从你目前说的情况来看，父母的想法有他们的现实考虑，男方家在外地，今后购房、购车、抚养孩子可能都不会那么方便，或者你家会负担多一些。过年过节会有奔波之苦，再往后老人养老等问题，都会因两地带来不便。

当然，日子都是自己过出来的，本地的未必就好，只是听起来容易一些。有能力的人，即便学历不如你，起步不如你，今后也能发展得很好。那些事业、家庭都很好的人，未必是一开始就拿到一手好牌，关键看能不能把手中这把牌打好。如果你对他、对你们的未来很有信心，那么前面说的那些就不成问题。

接下来，关键的就是如何助力他取得你父母的认可。虽然父母不支持也可以结婚，但是婚前得到父母的认可和祝福是最好的。长辈毕竟是过来人，他们不喜欢总是有原因的，也许一开始是刻板印象，但随着时间积累，是金子总会发光。这个小伙子如果只是因为老实不会讨长辈欢心，那么相处久了长辈也能看到他的实在和靠谱。你可以适当提醒他，给他一些和你父母相处的建议。也有一种情况，就是父母对这个人的感觉不对，但是说不出来哪里不好，这也需要时间来进一步观察和了解。

多感受、多和父母沟通，结婚不是小事，全面考量没坏处。

刘律师：

你看上的一定是你喜欢的，但未必是父母喜欢的。你要了解：父母不喜欢他的原因是什么，性格还是家庭？如果是性格，你可以跟父母说"我和他过日子，我们相处得来呀"，同时也要适当提醒男友多和你父母沟通，便于互相加强了解和理解；如果是家庭的顾虑，你可以和父母耐心沟通，让父母打消一些顾虑。比如，你们是否有能力自己出首付款购房？结婚后是否会拖累他们带孩子？男方父母来了一起住你能否接受并适应？父母的担心都是很实际的，你不能无视。

父母从一开始就不喜欢的对象，以后相处融洽也很难，所以你要放缓结婚的脚步，多一些考虑，也让父母和男友多一些了解和磨合。

当然，你和男友坚持结婚，父母也无权横加干涉，毕竟婚姻自由是受法律保护的，但不被父母祝福的婚姻是有遗憾的，也很难美满；除非男方事业突飞猛进，你们把日子过得和谐幸福，这才有可能扭转父母的看法。

《民法典》第一千零四十六条规定了关于公民结婚要遵循的基本原则，即结婚应当是男女双方完全自愿，禁止任何一方对另一方加以强迫，禁止任何组织或者个人加以干涉。婚姻是当事人双方自愿选择的，是在达成一致意见的情况下满足法定结婚条件的程序性结果，理应不受他人的干涉和影响。

15

恋爱期间合资买房，应注意什么问题?

我和女朋友谈了三年多的恋爱，也有结婚的打算，但还没有完全考虑清楚，而且在大城市，我们这个年龄还不算大，她26岁，我29岁，事业都在爬坡期。

虽然不着急结婚，可女朋友却特别喜欢房子。最近她看好了一套90平方米的商品房，距离我们两个的单位有半小时的车程，交通便利，看起来配套还不错。

这房子我也觉得不错，但全款是拿不出来的，首付要60万元，我们两个的所有存款加起来也就30万元，我20万元，她10万元，剩下的30万元就需要我们向双方父母求助了。

通过协商，我的父母愿意出资20万元，但彩礼没有了，她的父母愿意出资10万元，说算是陪嫁。我的收入高一些，可以用我的名义贷款，女方也同意。

我的父母认为房子登记比例要按照出资比例，而女方父母要求各50%，于是，我们有了矛盾。我该怎么办？

刘律师：

恋爱期间买房，涉及双方出资以及双方父母出资，建议慎重考虑。我能理解你父母的顾虑，毕竟出资比例占了大部分，而对方却要求持有均等的份额，这个的确有点不公平。

而且你暂时没打算结婚，未来也有可能出现变数，那这样联名买房以后就可能产生诸多纠纷。你首付多，还要还贷款，结婚之前的还贷可都是个人财产。

你和女朋友不妨开诚布公把这些摊开讲，房子先按照出资比例约定份额，你父母出资的20万元可算作彩礼。结婚后，你们按照各持有50%的份额登记也可以，可一旦不结婚，这个彩礼是要返还的。另外，也要在协议上注明你结婚前的还贷属于你个人财产，结婚之后你的婚前还贷也可以约定为共有。

女朋友若通情达理，应该可以讲得通，如果实在纠结且谈不拢，那就暂时放一放。买房也不是你提议的，等她想清楚再说。

恋爱期间合资买房，一旦有纠纷，房产处理就是件非常麻烦的事。对此，《民法典》以及相关司法解释均作了规定。

《中华人民共和国民法典》

第一千零六十五条 男女双方可以约定婚姻关系存续期间所得的财产以及婚前财产归各自所有、共同所有或者部分各自所有、部分共同所有。约定应当采用书面形式。没有约定或者约定不明确的，适用本法第一千零六十二条、第一千零六十三条的规定。

夫妻对婚姻关系存续期间所得的财产以及婚前财产的约定，对双方具有法律约束力。

夫妻对婚姻关系存续期间所得的财产约定归各自所有，夫或者妻一方对外所负的债务，相对人知道该约定的，以夫或者妻一方的个人财产清偿。

《最高人民法院关于适用〈中华人民共和国民法典〉婚姻家庭编的解释（一）》

第二十九条 当事人结婚前，父母为双方购置房屋出资的，该出资应当认定为对自己子女个人的赠与，但父母明确表示赠与双方的除外。

当事人结婚后，父母为双方购置房屋出资的，依照约定处理；没有约定或者约定不明确的，按照民法典第一千零六十二条第一款第四项规定的原则处理。

董公子：

在结婚前看房、买房，是个不错的投资手段，适合个人进行。因为一起买房牵扯的事情太多了，经常有情侣因为写谁的名、谁负责装修、谁来还贷款吵得伤了和气，甚至分手。

没到结婚那一步就永远不是稳定关系，一起买房、还贷款，还要动用父母的钱，很麻烦，今后一旦分手说不清楚。有些情侣是一个人负责还贷款，另一个人负责日常开支，到时候怎么衡量？有些情侣是一个人出了首付，另一个负责装修，怎么算？另外，就算结了婚，一旦涉及离婚，像提问的男生这种婚前出资情况也容易闹矛盾。

所以，情侣买房，一定要慎重，如果有条件，就各买各的。

把自己活明白

16

恋爱期间为何不要轻易借钱给对方？

我在朋友聚会上认识了一个男孩，比我小5岁，人很帅，也很文艺有情调。我们经常约着一起看展、吃饭，一来二去就确定了男女朋友关系。朋友都不看好我们，觉得他工作不稳定，各方面条件都不如我。但是，我觉得他对我挺实在的，虽然没钱，但是在一起的时候总抢着买单。朋友提醒我，别的都行，就是千万别借给他钱。

在一起几个月之后，有一天我刚发了工资，他说上个月买东西花太多钱了，该交下季度的房租，他没有钱，问我能不能借给他。才2万元，我不好意思拒绝，就借给他了。可是我发现，他虽然借了钱，但还是瞎花钱，每天收快递不断，衣服也总买。一副不挣钱也不着急的样子，看着挺让人来气。后来经过观察，我发现他确实养活不了自己，一直拆东墙补西墙。现在我想分手，2万元的借款他说暂时没钱以后再还。怎么办？

刘律师：

我认为，在恋爱期间，关系还没有彻底稳定下来，互相不要有较大金额的经济往来，一旦有纠纷，很难说清楚，到底是你给的还是他借的？你看，你连个证据都没有。但反过来人家留没留证据呢？比如你聊天时说过"不用还，拿着用吧"，如果人家有这样的证据，你去起诉要钱就很难被支持了。

找一下证据，打电话或聊天录音、聊天记录，找能够证明是借款的证据，亡羊补牢吧。

董公子：

不要借钱、不要借钱、不要借钱，这是给所有姑娘的忠告。

恋爱中的男人一般是要面子的，他能跟女朋友借钱，说明这个人可能是混得太差了。

年龄小、刚工作、家在外地等都不是理由，成年人交往有金钱往来是很正常的，但只有一方承担的大额交易就得视情况而定了。所以，遇到男生吃软饭、跟女生开口要钱、不出去找工作，赶紧说拜拜，更不要借钱给对方。

不要觉得是跟你关系近，才找你借钱，他有家人、有朋友、有同事，怎么也不应该跟一个女孩子借钱。

我见过一些情侣最后分手，男生还欠着女生钱，没能力还或者根本不打算还。这些人有个共性就是，不上进还追求享受。

你说欠着钱应该努力工作吧，他们好高骛远，高不成低不就。
你说欠着钱应该节省吧，他们还喝酒换手机享受生活，就是拿
准了女方重感情，会心软和心疼他们。

　　要是欠了朋友的钱，他们或许还会念对方的好，惦记着还，
欠了女朋友或者前女友的钱，他们可能完全不当一回事儿。

　　所以，千万别让自己这么被动，回头后悔浪费了感情还搭
进去钱。

17

恋爱分手，对方自愿送我的东西，还需要还吗？

　　我和男朋友是在工作中认识的，我们是一个省的，也算是同乡吧，自然就容易亲近。我们恋爱期间挺甜蜜的，他对我特别好，比我之前的男朋友要好出几倍，特别知冷知热。他的收入比我高不少，每个月都会给我买吃的喝的和其他生活用品。逢年过节生日假期，他都会送让我意想不到的礼物，给我惊喜。

　　可是，他也有致命的缺点，就是小心眼。每当看到我和异性说话、交往，他就特别生气，每天都要看我手机，担心我和前男友复合。

　　一次班组聚会，我喝了两杯，和一个男生合唱了一首歌，他就因此跟我吵架。我当时借着酒劲儿就打了他，他也打了我，最后还是被同事给拉开了。

　　事后，他跟我道歉，但我不接受，并拒绝了他，觉得他这样以后一起生活也累。可他拿出手机账单要和我算，给我花销的钱都让我赔，我一看有五六万元。我手里没那么多钱，再说都是他买的礼物（手机、首饰、化妆品、包包）和两人吃喝玩花的。我要不要退？要退的话，该怎么退呢？

刘律师：

从你的陈述来看，男方都在为你花销和付出，没看到你为他花钱买过什么。当然有可能你没有提。

首先，我们要说明的是，在有些女孩子的观念中，谈恋爱就该男孩花钱，吃饭也该男孩买单。我认为这样并不好。

其次，再来说说普通情侣的相互赠与。男生给女生花钱也有目的，通常是奔着长久相处和结婚去的，给你花钱，在他看来是储蓄，储蓄你们的感情，奠定结婚的基础。

你和他分手，他开始来找你算账也比较自然。这算钱还算好的，有的还要算上感情账，找你要青春赔偿，对你报复、纠缠，遇到那样的人就更麻烦了。

找个你们共同的朋友调解一下，吃喝玩的花销就算了，毕竟是恋爱中表达感情的日常消费性支出。至于那些礼物，你看看可否退给他？或是折价给钱？当然，从法律上讲，价值不大的礼物、礼金大多是不需要退的，但是，就怕他较真没完。为了那点钱、物被他伤害或纠缠不休，也不值当，不如协商一下解决算了。

记住教训，以后交朋友别贪图小恩小惠，喜欢的东西自己去买，收礼物也要有来有往，不要一味地占便宜。

董公子：

　　从你的提问来看，这个男朋友可能确实不适合继续交往下去，小心眼是一方面，还有日常生活中不信任、查手机、当着外人不给你面子，等等。当然，在分手时就体现得更加明显了。

　　算账行为通常有两种可能：一种是觉得亏了，之前付出太多没有得到回报，真算账；另一种是不想分手，假算账，希望通过这种方式让对方回头。

　　至于要不要还，得看你对这份感情和对他这个人的感受，有的女生为了和男方彻底撇清关系，刚一分手就把对方送的东西都快递过去，以示决绝。有的则直接分开，不处理这些感情之外的事。

　　你面临的情况是，因为对方提了，还不还都需要你去沟通。不还你就要说清楚，当时认真谈恋爱双方都有付出，从感情到财物。愿意还的话，准备还哪一部分，钱还是物，都需要你自己掂量。这种比较细碎的赠与，不像车、房、钻戒那些，必须归还，而是对感情和两个人认知的考验，晓之以理，动之以情，目的是和平分手，不节外生枝。

18

分手后，我发现自己怀孕，想生下孩子，该怎么办？

我和男友分手一个月以后，发现自己怀孕了，真是又喜又惊。我已经30岁了，之前去医院做过检查，说我不容易怀孕。正是出于这个原因，我和男朋友之间出现嫌隙，最终导致分手，而且分手还是我提的。

我在怀孕三个月以后，胎相稳定了才跟前男友说的，本以为还有挽回余地，可没想到，他竟然说陪我去堕胎，还埋怨我为什么不早说，好早一点处理。

我非常伤心难过，本以为他会高兴，可没想到他竟然是这个态度。

我知道他的态度以后就躲了起来，再也不想见他，不想联系他，也换了住址和工作，就想保住孩子。可他通过朋友找我，还放出话，孩子生了他不管。

我是真的想生这个孩子，父母也表示支持，我这样不经过他同意可以生下孩子吗？以后遇到孩子的抚养问题还能找他吗？会有什么法律风险？

刘律师：

我国法律没有规定单身女性不允许生育，但你要权衡利弊，根据自己的各种条件分析：自己生养有没有困难？孕检、产检自己去行不行？怀孕期间谁陪你？生产的时候谁来照应？在哺乳期，你是否应付得了生活和工作？这些都是很实际的问题，必须考虑清楚并有相应的对策才行。毕竟，单身母亲生孩子后的一系列问题真的都需要你一个人来面对。

如果你做好了独自养育子女的心理准备和经济储备，那就可以考虑生。

孩子生下来以后，要面临很多问题，户口问题、抚养问题、入学问题等都要自己面对和解决。你可以要求对方承担部分抚养义务，比如支付一定的抚养费，这是男方应该履行的法定义务，不管他同不同意生，不管他愿不愿意接受孩子，他都应该依法履行抚养义务。

当然了，如果你不想和男方有纠纷，不需要他的抚养费，也可以不联系。不过，男方具有法律上规定的探望子女的权利，他要求探望，你有义务协助，即便你反对，他也可以通过起诉来实现自己的权利。

与其这样，那还不如等孩子出生就通知他，看他如何做。

你们是孩子的父母，就孩子的抚养问题可以协商，也可以通过诉讼处理。

另外，法律规定非婚生子女享有与婚生子女同等的权利义务，任何人不得歧视。不直接抚养非婚生子女的生父或者生母，应当负担未成年子女或者不能独立生活的成年子女的抚养费。

法律风险有以下三点：第一，你们不是婚姻关系，你无法要求男方对你进行补偿；第二，如果你向对方要求抚养费，以及给孩子上户口，都需要做亲子鉴定，如果对方不配合，解决起来还是会很麻烦；第三，关于继承权，虽然法律规定非婚生子女享有与婚生子女同等的权利，可如果拿不到亲子鉴定或是男方立遗嘱对遗产作了安排的，继承权益也将难以保障。

不过，你不必担心男方和你抢孩子的抚养权，如果孩子从出生起就由你来直接抚育，那男方争夺抚养权便没有优势，但他也享有探望子女的权利，这一点你是有义务配合的。

董公子：

我遇到过一些咨询者是你这样的情况，想留着孩子，因为毕竟是自己的骨肉，这个可以理解。不过据我感觉，很多姑娘还是抱着一些简单的幻想，觉得给对方生下孩子，以后或许还有机会在一起，或者想和对方再有进一步发展。

所以，你要再认真思考下，有没有一丝一毫这样的想法，如果有就一定要打住，这样的想法极其不成熟，而且生活中也有很多惨痛的教训，我们不能为了赌对方来赌上自己的人生。

　　生孩子是人生的一件大事，建议全面、慎重考虑后再作决定。因为孩子一旦生出来，就要对他的一辈子负责，这期间自己的生活、工作、恋爱都会因此而受到很大影响，所以不是随便一想就可以决定的。

　　从自身来讲，结合年龄、经济实力、家人帮忙等各种因素综合考虑，如果还愿意独自生养这个孩子，是可以考虑的。不过在这种明确知道孩子父亲是谁的情况下，很难一直对对方隐瞒，一旦对方知道这个情况，未来生活中不可避免会产生一些麻烦，对这些问题都要提前有心理准备。

　　总之，想单身把孩子生下来，要充分考虑好未来经济、养育等各方面的压力，因为自己是唯一监护人，需要承担的责任很大，必须三思而后行。

19

分手后被另一方纠缠，该怎么办？

　　我和男朋友是通过朋友聚会认识的，我们是一见钟情，他认为我漂亮，我觉得他帅气、风趣。聚会结束后，我们密切联系，很快就进入热恋。

　　我们开始恋爱时出于新鲜感，互相觉得对方哪儿都好，一秒钟都不愿意分开，很快，他搬到了我的住处，这是我和同事合租的房子，我和同事各一间。

　　可是，一起生活两个月以后，我开始逐渐受不了他了。我们作息不一致，我喜欢早睡早起，而他经常熬夜刷手机、看球。我喜欢中餐，喜欢自己做饭，而他喜欢西餐，经常叫外卖。

　　我们作息不一致，吃饭吃不到一起，我越来越觉得别扭，可他却无所谓，不在乎这些。

　　此外，还让我受不了的是他和我的室友看起来有点不分界限，我也担心他在单位或其他地方是不是也经常撩别的女孩子。他不让我看他的手机，设了密码，而我的手机随便他看，我没有秘密。

经过慎重考虑，我提出分手，他不同意，我就退房搬了家。可他通过各种手段纠缠我，要求复合，并且拿出我们在一起的照片、视频威胁我，我又恨又怕，不知该怎么办了。

刘律师：

一见钟情并不一定是爱情。好的感情需要双方经过相处逐渐培养出来，并经得住时间的考验。

你们在一起生活后发现彼此不合适，很多方面不和谐、不适应，是应该及时止损。如果对方采用各种卑劣的手段，你也要学会反击。

你可以告诉自己的家人，让他们帮忙出主意和保护你；你还可以报警，让警方来干预，用法律来威慑他；你要把所有的证据都保存好，以便之后起诉他，迫使他停止侵权行为，并进行赔偿。

这不是你的错，你心里不要怕，你越怕，他越肆无忌惮。

不过，建议你在近期不要单独上下班和出行，一定要有人陪同，以防万一，如有意外也有个照应，也好有人相助和报警。

我也要提醒你，注意保护个人隐私，谈恋爱时，他不让你看手机，那你的也不让他看，万一他惦记你的钱呢？悄悄转账、利用你的身份贷款怎么办？在一起的时候就要明确拒绝他不合理的要求，比如对方让你拍一些不雅照片和视频，这些东西对你来说都是"炸弹"，随时会引爆和摧毁你所有的尊严。

总的建议是：别怕，要充分利用法律武器保护自己，该报警报警，该起诉起诉，同时提高人身安全防范意识。

《中华人民共和国妇女权益保障法》

第二十三条 禁止违背妇女意愿，以言语、文字、图像、肢体行为等方式对其实施性骚扰。

受害妇女可以向有关单位和国家机关投诉。接到投诉的有关单位和国家机关应当及时处理，并书面告知处理结果。

受害妇女可以向公安机关报案，也可以向人民法院提起民事诉讼，依法请求行为人承担民事责任。

《中华人民共和国民法典》

第一千零一十条 违背他人意愿，以言语、文字、图像、肢体行为等方式对他人实施性骚扰的，受害人有权依法请求行为人承担民事责任。

机关、企业、学校等单位应当采取合理的预防、受理投诉、调查处置等措施，防止和制止利用职权、从属关系等实施性骚扰。

董公子：

分手后的感情纠缠，只有两种情况，纠缠对方和被纠缠。

这里先告诉那些想堵对方家门口、单位，找对方朋友，穷追不舍的姑娘，分手千万别纠缠对方，姿态不好看，还被人瞧不起，对方只会跑得更快。如果放不下，还想有以后，更要保持理智的一面，先后退。留得青山在，不怕没柴烧。

再说被纠缠，我们前面说过，不要过早同居，而且不要过早把自己的一切暴露在对方面前。比如单位信息、地址，上下级关系，父母、朋友、亲戚的信息，暴露越多，对方纠缠时能利用的信息就越多，也容易用这些信息拿捏你。

像案例中已经这样了，被对方纠缠怎么办呢？首先内心要勇敢并且坚定。他能要挟你的无非是私密信息、视频，一定要明确告诉对方"我不怕"，正常谈恋爱留下的各种痕迹都不丢人，同时要严肃警告对方，一旦他有所行动你就会立即报警。你越冷静，越不怕，对方越拿你没辙。然后还可以找身边可信的朋友，告诉朋友自己的处境，在这个阶段多和朋友在一起，朋友们的支持和陪伴能让你更加勇敢。

离开不合适的爱情是对的，对对方的任何骚扰行为都不要怕，家人、朋友、法律都是你的援手。

20

离婚女性再谈恋爱并结婚，要注意什么？

我今年 42 岁，孩子 10 岁了，跟我生活在一起。因为前夫赌博赔了好多钱，所以我们才分开的。我有个同事对我特别好，他比我小 8 岁，我们已经恋爱四五年了，每个周末他都到我家里来给我和孩子做饭，我父母对他挺满意的。

他一直想和我结婚，但是我对再走进婚姻没有信心，也有一点犹豫。我想问一下，离婚后再谈感情，需要注意些什么？

刘律师：

再婚会面临很多客观、现实的问题，但也不用因此就放弃追求幸福的机会，爱情来了，就坦然接受，想爱就爱，该结就结，问题可以等以后遇到时再逐步解决。

离婚、再婚都不可怕，可怕的是，缺乏处理问题的能力和承担责任的勇气，要永远乐观地面对生活，心态积极的人运气都不会差。

一旦再婚，他和你的孩子便形成了继父子女关系，你们对孩子便有了共同的抚养义务，但并不因此排除孩子生父的抚养义务。

另外，需要提醒的是，再婚要考虑经济上的问题，如个人财产如何保护？婚后财产是共享还是留给自己的子女？互相之间有没有继承权？这些问题都应该在婚前摊开来讲，从而尽量避免婚后出现纠纷。

董公子：

其实只要离婚之后恢复了单身，那么再谈恋爱和从前没有很大的区别。我想提醒很多离异女性的就是：不要看轻自己，不要过分夸大已经离过一次婚这件事。现代社会中，即使没结过婚的人，有很多感情经历也是非常丰富的，所以不能因为离过婚就觉得自己不值钱了，配不上对方，或者应该凑合，找一个不如自己的人。

两个人谈恋爱首先应该是相互欣赏又相互匹配。像你说的，同事和你能够谈四五年，说明你身上一定有吸引对方的地方。现在不少女性 40 多岁了状态还非常好，心态很阳光，又多了一份年龄带来的豁达和淡定，也是很有魅力的。

你现在的问题就是不想走入婚姻，而对方还对结婚抱有期待，所以，必须两个人深入谈一谈对未来的规划，达成一致才能更长久地走下去。因为现在你已经有孩子了，而对方会不会想结婚之后有个自己的孩子？或者他对婚姻和你有着什么样的期待？你们要开诚布公地谈一谈，能够达成一致最好，不能的话看看有没有相互妥协的方式。另外，也要观察这个人的人品，确保他会对你的孩子好或是不会不利于孩子成长。

其实感情和年龄与婚姻经历无关，只因为孩子，你可能和前夫还会有一些联系，但是这么久了相信你也能处理好。抛开顾虑，把握现在的幸福才是最重要的。

21

如何走出失恋?

老师,我和男友已经分手两年了,还是走不出失恋的痛苦。我无论看到什么都会想到他,别人介绍男朋友也不想见。我每天观察他的朋友圈,他随便发一句话我就开始胡思乱想:是有新恋情了?还是专门发给我的?

而且我每隔一段时间就打电话给他,开始他还有耐心,后来就不接了。最近,我发现他把我拉黑了。

董公子:

在情感问题上,失恋创伤是一个常见的话题,大部分人遇到过。只不过有的人能很快接受失恋的现实并走出来,有的人影响期却很长,两三年甚至更久还在失恋阴影里面,就像处在刚分手时的状态。

长期经受失恋创伤的人具体表现有:总是对前一段感情反

复回忆，复盘自己哪里做得不好，幻想如果当时怎样做或者不怎样做，结局可能完全不同；对前任的一举一动密切关注，对方稍有动态就开始做"阅读理解"；保持着和前任在一起的所有习惯，包括去曾经一起去过的餐厅、做一起做过的事情而不愿意改变；不愿意敞开心扉接纳新的人和事物，遇见优质异性也选择性"视盲"；和好朋友相聚，没几句话就开始提前任，不管聊什么话题都能拐到前任身上。

我们说感情发生突然变化后肯定会留下痕迹的，再坚强的人也无法做到不难过、不伤心，但是为了一段过去的感情而消耗自己、让自己沉迷，这不是健康的方式，更不是我们谈这段恋爱的初衷。

刚分手的时候，可以允许自己伤心，但是需要设定一个期限。首先，我们要正视分手带来的痛苦，不要把自己的痛苦当作错误或者失败，一味压抑。允许自己痛哭流涕，允许自己和朋友倾诉，如果对方已经不想听了，就换一个朋友，总之，一股脑儿把痛苦倾诉出去。但是这一切要有一个期限，比如一个月。

其次，不能影响自己正常的工作学习，比如白天要正常上学、上班，可以晚上和周末胡思乱想，在被窝里大哭。因为生活的秩序感能把我们拉回正常的人生轨迹，而且不会因为耽误了正事而让自己后悔莫及。有些人因为失恋而影响升学、重要考试或者升职，就属于赔了夫人又折兵，即使损失再大，对方也不会因为内疚而回头。

再次，专注自己的成长。这个不是嘴上说说，而是要多认识新朋友，去运动，去爬山，去旅游等。很多姑娘因为难过，做什么都没有心情，这时候可以加入一些打卡组，每天和大家分享自己的学习、健身或者快乐生活的部分。当你的生活充实起来，你在真正意义上越来越好的时候，就不会总是回头看，有一天你会发现过去的那个人已经配不上今天的你了。

最后，过了难过期，就不要总是抱怨男人、抱怨感情。受害者情结往往会困住一些人，然而一直停留在这个阶段并没有什么意义。所以你要试着感谢遇见、感谢曾经的那些美好，这样会让你舒服很多。

感情是很重要，但也只是生活的一部分。坦然接受每一段关系的开始与结束，是我们需要学习的。

刘律师：

分手后迟迟走不出来的通常是那个被分手的人，离婚也是，被离婚的那个人是最难受的。

既然分手了，就不要沉湎于往事，要强迫自己按删除键，让彼此相忘于江湖，也可以把这段记忆深深地埋在心底，不去翻找和触碰。

分手后再去纠缠对方，就是打扰，是一种不礼貌、不得体的行为，从法律角度说那就是骚扰和侵权，做过了，对方受不了，可能会动用法律手段来抵制你的行为，保护自己的权益，比如取证后报警，比如去法院起诉要求停止侵权行为并赔偿。真到了那一步，那是多难堪的一件事。那个时候，你在对方心里尚存的一点美好就荡然无存了，剩下的全是嫌弃和鄙视，你希望这样吗？

22

怎么看待前任问题？

我今年 30 岁，去年认识了一个学设计的男孩，比我小 3 岁。我们可以算是一见钟情，各方面都很合拍，每天都有说不完的话。在一起半年多，我们见过了彼此的朋友，双方朋友也都觉得我们在一起很合适。交往满一年的时候我们见了双方家长，父母对我俩也挺满意，尤其是他家人，特别喜欢我，他父母和爷爷奶奶总给我寄东西。我们一切都很顺利，准备今年结婚。

可是之前他告诉过我，他有个谈了四年半的女朋友，大学四年他们都在一起住，毕业后因为异地，坚持了半年才不得不分开。虽然现在早就不联系了，但是彼此都是人生中很重要的人，以后前女友如果有事找他，他应该也会帮忙。这让我心里有些不舒服，虽然每个人都有前任，但是听他这么说出来还不如不知道的好。我嘴上说着没事，但还是觉得挺闹心的，该怎么办？

前任几乎是我们的感情经历中必谈的一个话题，绝大多数人都会有前任，只不过在时间长短、感情深浅、是否保持联系上有差别。

这个话题双方一定要聊，但是聊多少很有技巧。不能说谎话，但是也不能什么都说，说得过于详细，画面感太强，今后遇到类似场景双方都会觉得尴尬。尤其是有些人讲述过去时还带着情感和追忆，就更让别人以为，他／她还没有走出来，这绝对不可取。最好是客观描述，简单带过，不说细节，不夹带情感和评判。

再说询问者，打听了一通之后，通常有这样的感觉，不知道太好奇，知道了太闹心。所以作为聪明人，我们不必太纠结于过去，过去了就意味着肯定不合适，所以放平心态，别打听太多。

但是要确定一些关键性问题：他们是否还联系？会不会私下见面或者私下频繁聊天？还有没有遗憾？是主动分手，还是由于被家人拆散心不甘情不愿？通过沟通这类问题能够确认他和前任是真性分手，不是假性分手或者不清不楚，就可以了。

处在感情中的姑娘，一定要多点自信，既然对方现在选择了你，就说明你比前任好。人都是在比较中成长的，通常舍弃不合适的才会选择更适合自己的。你越自信，越能彰显自己的价值。如果你老抓着前任问题不放，反倒让已经翻篇的事情反复回放。

此外，一定切忌拿自己的弱点和前任的优点比。很多非常优秀的姑娘找到我说，他前任比我高，比我瘦，比我有钱。如果这么比，那就是灭自己士气，自找烦恼。他既然和你在一起，那就说明你身上有让他欣赏的地方。恋爱本来就是先爱上一个人的优点，再接受对方不完美的过程，人人都是这样，所以我们不必样样比别人好。

刘律师：

女生自己要自信，要有底气，现任既然选择了你，那一定是你更具备优势和特点。

了解对方的前任，适当介绍自己的前任，都可以，但要把握分寸。这不仅是情感问题，还是涉及个人隐私权的问题，人家过去的事你打听多了就是刺探隐私，会招致对方的反感，觉得你是个事儿多的人；如果对方过多暴露前任的信息，也是对前任的不尊重和泄露隐私的行为，这样的人以后往往对你也会这样，不值得信任。

谈婚论嫁

事后的反应再迅疾，
也比不上未雨绸缪

03

23

女性该不该要彩礼？男性该不该给彩礼？

男朋友是北京人，家在北京老城区，我是从安徽某县城考到北京读大学的，毕业后留在北京工作。男朋友家就他一个儿子，父母都是做生意的，家里条件优越，三套房子。我家条件一般，一套楼房，我父母都是普通的工薪阶层，我还有一个弟弟在读高中。

我和男朋友通过聚会认识，相处了两年，互相也见过家长，双方家长都认可我们的关系，没有提出反对意见，目前我们到了谈婚论嫁的阶段。

婚房他们家给准备，但房子不是他的名字，对此我并不介意，父母给我们一套房子住也不错，免去了我们自己贷款买房的麻烦和压力。不过，我的父母提出来要18.8万元的彩礼。我把这件事和男朋友说了，没想到他一下子就不高兴了，说北京不讲究彩礼，尤其是"四九城"（指老北京城）根本不谈彩礼的事。他也不肯跟他父母说，说没法说。男朋友以为我在要钱，可我的父母认为按照我们当地习俗嫁女儿要彩礼是天经地义的事。为此，我们闹了矛盾，该怎么办？

刘律师：

彩礼是民俗，在国内可能已经延续上千年了，且各地对于彩礼的标准和看法不尽相同。

你男朋友说的没错，在北京"四九城"的确有不讲究彩礼的说法，就这个问题我也专门求证过。

但是，现在的城里与过去已经不尽相同了，城里的部分人已经因拆迁搬到了城外，有的甚至到了五环以外，而城里拥进了不少外地人和城外的人，谁有钱都可以买城里的房子。由此可见，北京城里的居住人口构成比较复杂，文化自然也就多元化了。

我认为，在彩礼这个问题上，双方应该协商，本着尊重对方及当地风俗的角度来考量：该不该给？该不该要？谁说了算？并不是单方说了算，要协商。如果女方根据当地风俗提出要求，男方应该有正常的态度和积极的回应，回去和父母协商一下，而不是大惊小怪，责怪女方就是"图钱"。要说图钱财，女方没提出房本上加名，也没有要得太离谱。所以，女方父母很可能一是考虑民俗，让亲朋好友街坊四邻觉得女孩结婚了，男方家给了彩礼，有面子；二是想给女孩要一点保障，为婚后生儿育女加一点保险而已。这也不算啥过分的要求，男方家条件好，这点彩礼也不是个问题。

很多老北京人确实不讲究彩礼，对此，女方家也应该提前做好功课，了解当地习俗。毕竟，男方家也出了一套房子给小两口住，要知道在城里租一套不错的房子得要 1 万元左右，一年租金就是十几万元，这不也算是男方家的付出吗？而且你们家还有一个男孩，男方也可能会认为：要彩礼是不是给你弟弟用？你和男朋友说清楚，这个钱是给谁的，以及是不是可以带回你们以后的小家来。

在法律上并没有关于彩礼的禁限，法律既不倡导也不反对，只是针对彩礼出现纠纷时规定退不退、怎么退。

所以，这件事需要双方沟通和协商，比如女方家少要一点，男方家付出一点，以示尊重和诚意。

女性结婚以后，怀孕、生育、抚育，照顾家庭，付出确实要多一点，从这一点考虑，女方要一点彩礼作为预支的一点保障和补偿也没有什么不对。如果双方不结婚、登记后没在一起生活或婚期短，是可以要求返还彩礼的。

《最高人民法院关于适用〈中华人民共和国民法典〉婚姻家庭编的解释（一）》

第五条 当事人请求返还按照习俗给付的彩礼的，如果查明属于以下情形，人民法院应当予以支持：

（一）双方未办理结婚登记手续；

（二）双方办理结婚登记手续但确未共同生活；

董公子：

其实到了谈婚论嫁这一步，就不只是两个人，而是两个家庭的事了。关于彩礼这种事情，没有该不该。只要双方都觉得合适就可以，有时候我们总希望对方体谅自己，女方觉得男方如果有诚意，就应该多出彩礼；男方觉得女方如果有诚意，就应该少要彩礼。其实大家为了一个目标，还是要奔着双方都能接受和满意的程度来。

北京这边确实有不讲究彩礼的说法，当然，尊重女方家庭所在地区风俗是可以的，但是要综合考虑双方家庭的付出。假设你们都在外地一起供房子，男方家没什么投入，那么给彩礼是可以的，现在的情况是男方什么都出了，未来你们的生活应该也是婆家帮衬多一些，再要彩礼男方确实不好向父母开口。

换个角度，如果像你说的不是为了要钱，只是为了习俗，那有没有考虑过：你家收到彩礼之后再添上一些钱，给你20万元嫁妆带过来？这样男方家应该不会不愿意。否则，这18.8万元彩礼难免让人觉得今后会用到你弟弟身上。对方是娶媳妇，并不想娶一家子，换位思考你也应该可以理解。

把自己活明白

24
订婚后分手了，彩礼该不该返还？

  我和男朋友感情很好，相处半年多，就订婚了，他家给了我 12.8 万元的彩礼，这钱我父母没要，在我卡里存着。我们家盘算着等结婚时，再加上一些，给我买辆车，算是陪嫁。

  订婚后我们就一直同居，我也像妻子那样无微不至地照顾他。

  可是，他移情别恋了。我们工作的饭店新来了一个女孩，漂亮活泼，他们很快就在一起了。我哭过、闹过都没用，无法挽回，就离职换了一家饭店。我把他拉黑了，也算是分手了。

  可他通过朋友传话让我退彩礼，我很委屈，不想退。和他在一起三年了，我付出很多，也流产两次，身体受到伤害，他不该赔偿吗？是他搞外遇破坏了我们的感情，造成分手，不该承担责任吗？我该退彩礼吗？

谈婚论嫁

83

刘律师：

作为女性，我能够理解你此刻的想法，但这不代表我支持你的观点，我接下来说的话可能会有点扎心，彩礼确实是应该退的。

从情理上说，男方的确不占理儿。你们同居三年，你辛辛苦苦照顾他，还曾流产两次，身体受到伤害，他劈腿另寻新欢，背叛爱情，对你造成巨大的伤害，这些足以让你对他恨之入骨。你提出什么要求都不过分，再说，区区十几万元就能补偿折抵吗？感情上的伤害无法用金钱来衡量。

可是，从法律角度讲，你们没领证就是没结婚，彩礼是应该返还的，不管谁提的分手，不管谁的过错，彩礼都要退。

建议你和男方去沟通协商，陈述自己的付出和不易，真实表达自己身体和精神受到的伤害，可以协商退一部分。或许男方尚存一点儿情感和愧疚，这事就能按照你的意愿解决了呢。

一旦男方起诉，你不仅要退全部的彩礼，还要承担额外的诉讼费和律师费。不如坦然面对。

最后提醒你，结婚前最好不要和男方同居，不要过早地扮演妻子的角色，考虑好，准备结婚之后再订婚和收彩礼，随后领证结婚。

董公子：

　　彩礼是为结婚交的定金，如果不结婚的话应该退。从这个角度来说，你们现在没结婚，这是事实，不管是因为谁的错误而分手。

　　换个角度讲，如果你们已经谈了三年恋爱，还没有到谈婚论嫁的地步，也没给彩礼，出现现在这个情况，你还是要和他分的。毕竟，在婚前认识到这个人的品行不适合你，从长远来看其实是一件值得庆幸的事情。

　　你现在的情况是心有不甘，觉得自己付出过多，又是对方有错在先，将已经拿到的钱退回去，有些不痛快，这种心情可以理解。那就尽量和对方去谈，可以叫上信得过的朋友陪你一起，避免到时候因情绪过于激动而影响结果。谈的结果当然是越能让你舒服越好，感情的事情是双方的，大家都不想在分手的时候弄得太难看，能够折中是最好的。

　　最后祝你能够尽快走出来，早一天摆脱现在的委屈和痛苦，就能早一天过上开心的日子。不为不值得的人和事多做纠缠，往前看！

谈婚论嫁

25
房子、装修、车，应该谁出钱？

我和男朋友大学毕业已经 4 年了，现在准备结婚，双方都觉得应该把一些事务提上日程了。我现在就是不清楚这些钱应该谁来出，我父母是准备给一些钱的，还有一辆车做陪嫁。我想的是和男朋友一起把房子买了，买大一点。但是，男朋友说房子应该他家出，稍微小点没关系，以后再换，我家负责准备装修和买家电的钱就行了。不知道别人结婚都是怎么出资的？

董公子：

谈到结婚，很多事情都要商量着来，并不是一定要哪方出，或者谁多出就合理，而是看双方的接受程度。

从你所说的情况来看，两个家庭都愿意出钱，这是好事。过去确实有一些家庭是男方负责买房，女方负责装修。但是，现在因为牵扯到婚前财产以及房产证署名的问题，所以也有很多家庭选择双方都为房子出资，毕竟装修是易耗品，不容易作为固定资产保价。

不过从你男朋友的角度来看，他父母愿意买房，也说明对方有诚意。我曾和一个20多岁的男孩聊天，说到婚前房产问题，他说反正结婚也不是冲着离婚去的，所以没想那么多。虽然现在我们都说经济方面要想清楚，别犯傻，但是结婚毕竟是以感情为基础的。只要双方都往好的方向去努力，都为对方去考虑的话，那么很多事情都好商量。

刘律师：

婚房由男方家出资购买，加不加你的名字呢？如果是婚前买，那属于男方婚前个人财产，跟女方没关系；如果是结婚登记后购买，只登记他个人的名字，他父母和他有赠与协议，这房子跟女方也没关系。

房子若是跟女方没关系，其实建议可不用出装修费。以后一旦离婚，装修了房子不能成为分割房产的理由，且装修还是贬值的。

如果男方婚前买房，我建议女方婚前买车，房、车都属于个人财产，以后也不产生分割纠纷。

建议双方尽量好好协商，女方出资买房，房子就应该加名字，加了名字以后再装修也算给自己的房子装修，自己不觉得亏。

房子、车、装修，到底该谁来出钱？没有应该不应该，还是应该本着公平合理、互惠互利的原则协商处理。

26

男方婚前购买的房子，女方要求加名，合理吗？

我和女朋友相处两年多了，目前到了谈婚论嫁的阶段。

我自己有一个两居的房子，父母帮着出资买的，我自己把贷款提前还完了，房子登记在我一个人的名下。房子目前市值 200 万元左右，位置也很好，刚刚装修好。

她家没有提彩礼，但要求在房本上加上女方的名字才肯结婚。对于这一点，我很为难，因为我父母根本不同意。我父母说女方家要十几二十万元的彩礼，他们会考虑给，也认为合情合理，可房子加名字，一下子就要分掉 100 万元，他们怎么也不同意。

我和女朋友倒是容易沟通，她其实不是很坚持，但拧不过她父母，可我也说服不了我父母，于是就僵持着。我该怎么做才合适？

刘律师：

站在男方的角度考虑，父母的顾虑并非没有道理，毕竟有太多婚恋财产纠纷的案例，父母给子女出资买的房子因子女离婚被对方分走一半或全部，一个个惨痛的教训，足以让人警醒。

站在女方的角度考虑，女方家担心女儿结婚后有了孩子，万一离婚什么都没有，房子是男方婚前个人财产，不能分，女方带孩子怎么办？住哪儿呢？他们其实更多时候想要的是婚后的一个保障。

建议你和女方协商，比如给一些彩礼，然后可以和女方写一个协议约定，结婚后的什么时间，或有了孩子以后，可以给女方加名字，约定一个合理的份额，让女方及家人看到一个积极的态度，也就自然产生信任了。

如果女方坚决要求婚前加名字，而你家坚决不肯，那这婚就结不成了。从这一件事上足以判断两家三观不匹配，以后面对诸多的大事小情岂不是都很难沟通？

当然，如果女方家也能为女孩买一套房，多半就没这事了。

董公子：

现在确实不少家庭遇到了这个问题，这个问题其实从法律角度来说挺难办的。毕竟，房产加上对方的名字，出资方今后可能会面临财产被分走的情况。可是现在的婚姻和以前的婚姻不一样，不敢说进了婚姻就进了"保险箱"，所以从保全财产的角度来说，出资方肯定是不愿意加上对方的名字。

但是很多女方家庭提出这个要求，一方面是觉得既然都要结婚了，男方应该拿出点诚意来，另一方面也是因为有些女性和男方结婚了十几年甚至更久，到离婚的时候突然发现房子是婚前财产，一点儿都分不到，后半生无依无靠。所以这种事情能否避免，完全看婚前两个人对这段婚姻的信心。

其实我觉得真谈不拢、经济条件也允许的话，还有一个办法就是两方出资付首付重新买一套，写两个人的名字，婚后小两口一起还贷款，这样的话双方都会舒服很多。

27

婚前财产约定协议要不要签？会不会伤感情？

我今年38岁，从事IT行业，是一家公司的技术骨干，年薪百万元，女朋友比我小10岁，研究生毕业，在高中当老师，收入也稳定。

公司效益很好，我又是原始股东，每年的分红收入也很可观。我已经拥有两套房产，一套在北京，另一套在江苏老家的县城，而且我在老家也给父母买了房子。我婚前财产较多，婚后收入也很不错，就是担心万一婚姻有变故，会出现个人财产的保全问题。

我和女友聊过这个问题，她不怎么高兴，我也就没敢继续谈，但心里有些纠结。我也经常看普法视频和直播，心里是有担心的，但又不想得罪女友，毕竟我年纪不小了，很想成家结婚，我也很喜欢我这个女友。

像我这种情况，该不该签一份婚前财产协议，约定一下婚前婚后财产的分配及归属？

刘律师：

如果你打算约定婚后的财产除了基本生活开销之外其余归你，那你女朋友的心情也可以理解。

如果你签协议的目的只是保护你自己的婚前财产，那可以不用签协议，婚前财产没有贷款，永远是你的个人财产，不管结婚多少年，个人婚前财产都不会转化成夫妻共同财产。

婚姻是什么？婚姻是两个相爱的人组成家庭，要想婚姻稳定幸福，双方首先要有爱作为支撑，然后靠经济来运行。你"奔四"了，女方才 28 岁，小你 10 岁，在生理年龄上你们不算很"匹配"，或许女方看中的就是你多才多金呢，所以就忽略了年龄的差异，你实际，难道女方就不能也实际一点？

建议你要学会算总账，把眼光放长远，学会去承担和付出，女方才可能愿意和你结婚并相伴长久。

如果女方特别反感签协议，那就不签，婚前财产是你的，不用担心，婚后财产是共同的，那也是法律规定。如果确实婚后感觉不合适，那就及时离婚，鉴于婚期不长，对方也分不到很多财产，你的损失也在相对可控制的范围内。

董公子：

现在的人结婚之前考虑得很周全，从双方家庭到个人条件，再到个人资产，这其实也是好事，说明现在大家的法律意识变强了，结婚也更冷静了。

不过，婚姻其实更可以看作一个经济共同体，很多时候如果分得太清的话，难免会伤害感情。尤其是在双方还带着对婚姻的憧憬的情况下，你这么做相当于一盆冷水泼下来。

其实，你想保全婚前财产，有很多方法，比如可以把部分婚前财产转移到父母名下。如果还想保全婚后的财产，确实会让人觉得不舒服，因为本来婚姻中两个人的收入就不会是完全相等的，收入多的人总想着要保障自己的利益，就会显得有些没有诚意。而且实际操作也不是很方便，容易激发对方产生趁着在一起多花点钱的心理，比如买很多实际生活中的非必需品，你能每次都拦着不让买吗？

另外，说点真实但不那么让人舒服的话，资产本身也是你在婚恋市场上的一大加分项，如果没有这么高的收入，对方也不一定会选择你。既然你很喜欢对方，就抱着相伴到老的心去相处和经营生活吧！

28

婚检查出问题，还要结婚吗？

　　我和男朋友计划半年后结婚，最近在拍婚纱照、订酒店。没想到婚检的时候查出了一些问题。我男朋友有一些家族遗传病，他本身没有显现出来，但是我们生孩子的话，可能孩子会遗传这个病。

　　现在我很纠结，不知道还要不要结婚，也没敢跟父母说这个事。

董公子：

　　这个问题比较私人化，以我接触到的例子来说，有人因此放弃，也有人还是步入了婚姻。步入婚姻的那些人呢，有的在专业医生指导下制订生育计划，生的孩子没有任何问题，也有的坚持生了孩子，而生下的孩子身体确实出现了问题。当然，还有人最后没要孩子。所以，这有点像是一场冒险，看你自己愿不愿意和这个人前往。

有的人可能觉得这辈子最大的心愿就是和对方共度余生，哪怕不要孩子或者冒一些危险也是愿意的。有的人可能觉得，不值得这样冒险，稳妥一些更好，或者是和父母商量后决定放弃这个人，也是可以理解的，一般来说对方也是能够理解的。

所以，这件事情你还是要和家人商量后考虑清楚，其他人很难帮你作决定。唯一可以提醒你的就是，不论怎么选，人生是没有后悔药的，选了就得认，且不抱怨、不后悔。

刘律师：

家族遗传病史是不能忽视的一个问题，确实应该考虑要不要结婚了，毕竟很多人都不想冒那样的风险，万一孩子遗传了该怎么办？比如，精神病，那是非常可怕也很难根治的一种疾病。精神病隔代遗传的案例可不少。

有一对夫妻，二人都是名牌大学毕业，身体都正常，可他们的三个孩子中两个有精神病，原来是男方的爷爷那一辈有精神病，隔代遗传了。目前，二人都无法正常工作和生活，孩子的病给夫妻俩的生活带来了非常大的困扰。

虽然婚检（婚前检查）不是强制性的，但本着对自己、对双方负责的态度，还是应该做的。

实践中，如果没有婚检，若一方隐瞒重大疾病，按照《民法典》的规定，另一方可申请撤销婚姻。

《中华人民共和国民法典》

第一千零五十三条 一方患有重大疾病的，应当在结婚登记前如实告知另一方；不如实告知的，另一方可以向人民法院请求撤销婚姻。

请求撤销婚姻的，应当自知道或者应当知道撤销事由之日起一年内提出。

29

结婚前哪些问题必须讲清楚？

　　下个月我就要领结婚证了。有朋友和我说，男人结婚前一个样，结婚后一个样，所以很多事情要在结婚前就谈清楚。但是，我们恋爱两年多了，一直都很甜蜜，关系处得很好，他父母对我也挺满意的，所以我不知道，在结婚前需要聊哪些问题？

董公子：

　　这个问题具有普遍性，很多人会觉得恋爱和婚姻是两回事，结婚后会有落差，或者突然间和另一半或者和对方父母产生了很多矛盾和隔阂。

　　有这样大的变化是因为恋爱的时候，你们并没有深入过日子的日常生活中。即将步入婚姻的时候，你们的确要在一些问题上达成共识，比如，两个人对生育、家庭收入和开支的想法，以及父母赡养包括一些重大节假日的规划，都可以提前像聊天一样了解一下彼此的想法。

像生育观，准备结婚后多久要孩子？要几个孩子？对于男孩、女孩有特别的期望吗？这些你们在婚前聊得越多，婚后越不会产生不可调解的矛盾，如一个准备一结婚就生孩子，而另一个准备五年之后再考虑这种情况。这不光是两个人的事，有时候双方父母的意见也要参考。

结婚之后双方的收入是自己掌管还是放在一起；重大开支怎么决定，谁说了算；春节是一定要在某一方家里度过，还是可以安排出去旅行……很多事情你们现在可以美好地一起规划一下，就不会在真正遇到的时候措手不及，或者到时候才发现两个家庭有这么多完全不一样的生活习惯和理念。

很多时候，婚后的一些矛盾是源于一方觉得再正常不过的事情，而另一方完全不能理解。毕竟是在两个完全不同的家庭成长起来的人，需要了解与磨合。

刘律师：

结婚登记前，有不少问题必须讲清楚，不然在婚后会出现纠纷，以至于影响婚姻的稳定。

比如：房子是否给对方加名字？份额多少？婚房出资是否需要双方分摊？是否跟一方父母同住？要不要孩子？喜欢男孩还是女孩？想生几个？孩子随谁姓？孩子谁来带？父母要不要

帮带？婚后收入的分配依法定制还是约定制？婚后接受的赠与或遗产属于个人还是双方……

　　以上这些问题引发的纠纷和离婚案太多了，足以引起大家的高度重视。哪一个问题事先没说清楚都会埋下隐患，都可能会引发争议，而纠纷一旦不能化解，大概率便会导致婚姻关系逐步走向破裂。

30

婚前有必要多了解对方的家人吗？

我和男朋友是通过朋友介绍认识的，相处一年半了，感情比较稳定，也有结婚打算。我们商量婚事从简，旅游结婚，只邀请至亲好友吃一顿，办个简单的仪式即可。

我们两个都有一定的积蓄，考虑共同买房，双方的父母也都能出资赞助一部分。我父母说他家出多少，我家就出多少，不会比他家少，但房子必须联名，均等份额。对于这些，双方都没有异议。

我们打算"十一"前后结婚，他的父母提出邀请我去家里做客，我有点抗拒。我觉得还有半年多呢，等快结婚的时候再见不行吗？我的父母也没要求见呢，他们家着什么急呢？婚恋不是自由吗？还需要父母同意才可以吗？我有点不理解。

就为了见不见的问题，我们有了分歧。我该怎么做？

刘律师：

我觉得男方家的要求很正常，不过分，倒是你应该改变一下自己的观念。

结婚不仅是你们两个人的问题，还涉及两个家庭的结合。的确，在法律上，婚恋自由，只要你们自愿结婚，符合结婚登记的条件，就可以带着证件申请结婚登记。

可是，结婚以后呢？你们跟对方的家庭不联系、不走动？两个家庭不来往？尤其是有了孩子以后，不需要对方父母照顾？或你们不让对方父母来你家看孩子？你和对方父母能否良性往来？这些都会影响你们的夫妻关系。

我认为，两个人恋爱关系稳定后就应该见双方父母，保持必要的交往频率，以充分了解和磨合。你跟一个人结婚，也要看看他的父母和其他家人什么样才对，人品、教养、家风都怎么样，有没有什么疾病和问题，跟你的原生家庭三观是否契合，是否容易相处，这些问题都不能忽略，且至关重要。

从另一个角度来看，对方的父母想看自己未来的儿媳，这个需求也挺合情合理的，如果你拒绝或推延，会让对方觉得你不尊重人，肯定也不容易相处。因此，婚前可适当地接触对方家人，了解对方家庭。

谈婚论嫁

董公子：

　　我能理解你的感受，觉得这么早见挺麻烦的，不如晚点。

　　但是，见了其实对你有好处，从婚姻角度来分析，你想嫁给一个男人，就要见一下他的父亲，想娶一个女人，就要见一下她的母亲，因为那可能就是对方未来在婚姻中的样子。

　　而且你可以看看他的父母是不是好相处的人，毕竟你现在就算躲过去两三个月，今后还是要做一家人相处的，躲不了。

　　还要了解一下他家庭的相处模式，会不会是控制欲很强或者依赖心很强的父母？成员之间是松弛的感觉还是严肃紧绷的感觉？家庭有没有一些独有的，和你家完全不同的习惯？如进门后必须换睡衣，进门后必须先去长辈屋里请安等。很多事情在不进门或不生活在一起时都感受不到，提早观察一下也是有好处的。

婚姻生活

清醒，知趣，
明得失，知进退，爱自己

04

31

婚后发现彼此性格不合，婚姻要不要继续？

我和先生是同事，结婚前谈了一年的恋爱，彼此感觉很不错，就顺利结婚了。可是现在结婚才不到三个月，我就发现我们两个可能根本就不合适。

他在家里做什么事情声音都特别大，刷牙、洗澡，开门、关门，就好像屋里没有我的存在一样。我安静惯了，被他这么弄，心脏老是"突突突"的，特别不舒服。而且我发现他做什么事情都很急躁，总弄坏家里的东西。还有晚上回不回来吃饭这件事，他总不提前说，经常是我准备好饭，他加班也没告诉我，或者是我以为他不回来，结果他突然回来，做的饭不够吃。我现在总有想要离婚的心，怎么办？

婚姻生活

105

董公子：

我曾经看过一个调研报告，人结婚后，什么时间段离婚率最高？答案是结婚第一年。这说明其实每对夫妻在结婚之后都要经历一个痛苦的磨合阶段。有些人能够坚持过去，后面也就慢慢习惯了，有些人扛不过去，就没有走下去。

两个人在不同的家庭生活了 20 多年甚至更久，早就有了自己的生活习惯、睡眠习惯、饮食习惯，突然住在一起，肯定有这样或那样的不适应。就好像大学宿舍也容易产生矛盾一样，因为长久地生活在一起，不像同事出差偶尔凑合个一两天，忍忍就过去了。

你说，这些事是原则性问题吗？其实也都不是大事。对于有些"神经大条"的人来说，无所谓，但是对于敏感性体质的人来说，这些不适应确实很干扰生活，因为生活中，天天经历的小事最影响人的心情和生活品质。

怎么办呢？感到不合适就离，当然是一个解决办法，但是换一个人也不一定会更好，所以推荐的办法当然就是磨合了，双方尽量照顾到对方的感受。很多夫妻生活在一起久了，并不是生活习惯一致了，而是慢慢知道对方完全不能接受的点在哪里了。

还有一些夫妻，各自生活在一个房间，这样能最大限度保障个人的舒适度、保持新鲜感，还能够在同一个屋檐下生活，也不失为一个好办法。

总之，你结婚时间这么短，对婚姻、对另一半、对两个人共同生活都还是个新手，暂且试着慢慢磨合吧，哪怕有些摩擦吵架也不用怕，先想着修修补补。我的建议是，不要动不动就提离婚，但是如果确实长期适应不了，咱们也不怕离婚。

刘律师：

　　你们曾经是同事，又谈了一年的恋爱，彼此之间有一定的了解，也有感情基础，结婚不过两个多月，轻易离婚有点草率。

　　新婚夫妻需要磨合，寻找共同点，解决不同点，求同存异。比如，暂时试着婚内室内短期分居，但还在一起生活，这样互相既能相处又各自留有空间，这个方法可以尝试。

　　从法律层面看，离婚不是一件难事，双方协商好去民政局申请，一个月冷静期后，就可以拿到离婚证了。如果对方不同意，你起诉两次也可以达到离婚的目的。

　　但是，这并不是解决问题的最好办法，你只是阻隔了问题，并没有解决问题。冷静一下，问问自己是否还愿意尝试去解决问题，如果愿意，那就试着多去磨合与相处吧！

婚姻生活

32

结婚后，要不要辞掉工作做全职太太？

老师，我硕士毕业，在某文化企业工作了一年多，虽然收入不算高，但我很喜欢这份工作。我先生在某投资公司上班，收入不错，但工作较忙，考虑到家务以及未来要生孩子，先生和他的父母最近一直劝我辞职在家做全职太太。

我在犹豫，但是他们说的也有道理，如果未来有了孩子，我的收入还不如保姆高，全职在家更好，照顾孩子也放心。我该怎么作决定呢？

董公子：

目前，因工作时间短，你的收入可能暂时不如一个保姆的收入高。但是，难道我们工作就只是简单地看眼下一时的收入高低？肯定不是，我们还有自己的社会价值，还能获得工作成就感、同事圈以及通过职场了解到更广阔的世界。并且，随着工作经验的增加，收入也是会相应增长的。

眼界和格局这个东西很有意思，虽然它不值什么钱，但就是能让一个人的气质更加超群，让一个人在遇到事情的时候更加淡定从容。你硕士毕业选择了文化行业，可能它确实不是高收入行业，但是在文化圈浸润，你的情操、你的知识面以及你所看到的东西可能会超过很多人，我想这也是你选择并喜欢这份工作的原因之一吧。

此外，在家庭中的地位和话语权也很重要，有一份工作可以让你在这个家里和先生相对平等，因为你们都是上班族。如果你全职在家，就我身边的很多例子来说，不挣钱的人就会有很强的危机感。我见到很多辞职在家的妻子，每天一定要把地板擦得锃亮，把家收拾得一尘不染。她们内心的想法是，都不上班儿了，再不把家里收拾好，不就是没用的人了？你看，无形中用另一个枷锁困住了自己，所有的家务就应该自己干。本人都这么想了，家里的其他成员就更这么想了：你不上班儿了，还照顾不好孩子？你不上班儿了，孩子学习还搞不好？

建议不要让自己陷入这么被动的境地，毕竟父母培养你读到硕士，也不是就让你在家里这一亩三分地体现价值的。

最不济，有一份工作能够让你有独立生活的能力。婚姻毕竟不是"保险箱"，万一哪天婚姻出了问题，没有工作的你会软弱和惧怕很多，在争取孩子抚养权上都处于劣势。所以，要独立，让自己有价值。

刘律师：

我不建议你放弃工作回家做全职太太，从我办过的大量案例和咨询案例来看，全职太太生活过得好的并不多。

所谓过得好顶多就是没离婚，但对家里财政是没有话语权和支配权的，仿佛能维持婚姻已经是得到的最大恩赐了，还敢提什么其他条件？再看看那些不好的，对方出轨、家暴、隐匿转移财产、被离婚，离婚时无法了解财产情况，能分到的财产很有限，得到的家务补偿金和赔偿金也很有限。而且，全职太太离婚后再出去找工作也是困难重重，居家久了，脱离职场久了，再找工作谈何容易？

你有自己的工作，自己也很喜欢，为何不做下去？希望你享受自己的价值，活好自己的人生。

33

家务应该由女方多承担吗？

　　我和老公结婚4年，女儿2岁多。我产假结束就上班了，一直是婆婆帮着照顾女儿。我工作也挺忙，早晚和周末还要带孩子，挺辛苦的。老公总说工作忙，很少正点回家。我们沟通过这个问题，我希望他把精力放在家里多一些，多帮我分担一些家务，周末帮我带一带孩子，可他能加班就加班，能应酬就应酬，周末还经常参加各种活动，还说："带孩子和家务本就是女人该干的事，我只负责多往家里赚钱。"我婆婆也劝我体谅他儿子，说他儿子在外干事不容易，别让他分心，还说我们女人就要以家为本，以孩子为主，应该尽量做好自己的本分，不要给男人施加压力，还说她从来就不要求我公公干家务，我公公在工作中才做出了成绩。

　　我挺无语的，也挺不理解，我也有工作，也有收入，孩子是我们两个人共同的，怎么就该我多受累呢？家务就该我多承担吗？

婚姻生活

111

刘律师：

男主外，女主内，那是过去的旧观念。那个时候，女性不出去工作，在家料理家务、照顾孩子和老人，男人负责在外赚钱。现在，男女均有平等的工作、劳动的权利和义务。法律规定夫妻在婚姻家庭中地位平等，这就意味着，夫妻有共同承担家务的义务。

实际上，家庭是需要男女双方共同付出和经营的，于情于理于法，你老公的说法都站不住脚。从法律角度来看，《民法典》第一千零五十五条规定了夫妻在婚姻家庭中地位平等。所谓地位平等，那就意味着夫妻对家庭财产具有平等的处理权，对家务也应该具有平等的分摊义务。现实社会中，女性在有工作的情况下多承担家务也非常普遍，因此《民法典》规定了夫妻离婚时的家务补偿金，这一条基本上就是在保护和照顾女性，认可付出多的一方应该得到补偿。当然男性付出多的也有权利要求家务补偿金。

任何一个家庭，有了孩子以后，家务事是繁杂的，需要夫妻两个人分担。当然了，谁干得多谁干得少也无法划分那么明确，但一方对另一方的付出不以为意，或理所当然地接受，势必引发付出一方的不满，久而久之就会引发家庭矛盾。

婚姻要经营，家务要分担，这是夫妻共同的义务。

董公子：

家务本来就是两个人应该分担的，从来没有哪一方就应该多做。带孩子就更是这样了。相对而言，父亲带出来的孩子运动能力更强，抗压能力更强，所以现在很多人倡导父亲要在带孩子上面多付出。你先生这样的男人并不少见，甚至有的人看到过个别男同事下班后还在单位磨洋工，就是为了不回家带孩子。这样虽然一时躲开了，清净了，但是在和孩子的亲子关系上以及和家人的亲密互动上都缺位。

你婆婆说的话，既代表他们那一代人的传统思想，也是因为她偏向自己的孩子，替儿子说话。你不用太放在心上，也不用跟她正面争论，该要求先生的就要求。

你先生既然说了他负责多赚钱，那你可以借此机会和他商量家庭财产管理和财产支配使用。如果他的收入真的够高，就雇个保姆帮忙。总之不要自己长期一个人硬扛，既工作又照顾孩子，确实太辛苦，更主要的是会影响自己的心情。建议调整好自己，保持好的心情，用耐心和智慧去解决问题，从而有更好的状态陪伴孩子。

34

结婚后，发现对方隐瞒了重大疾病怎么办？

　　我今年32岁，通过介绍人认识了我现在的丈夫小梁，在双方父母的催促下，我们很快就领证结婚了，对方还给了20万元的彩礼。婚后我发现丈夫经常吃药，问他的时候他就说是保健品。备孕期间，我让丈夫停止吃保健品，可是停止服药后，小梁在行为、表达、与人交流方面出现了异常。我带他去医院就诊，才得知他患有精神分裂症，随后，我也拿到了他之前多次就诊的记录和病历。我和家人得知这一情况如晴天霹雳，打电话质问介绍人和小梁父母，他们却都支支吾吾不肯承认。我现在很困惑，我该怎么办？能离婚吗？

董公子：

　　遇到这样的问题，肯定是感到震惊、困惑、不安的。但震

把自己活明白

114

惊之余，还是要调整好心情来处理这件事。从你的描述来看，之前和先生的婚姻生活应该是比较稳定，并且有着长远规划的，所以开始了备孕。突如其来的变化，让你不得不另做打算。

对于你来说，会有被枕边人欺骗的伤心，会有情感上的不舍，也会有对未来生活的不确定。关于婚姻有效性和彩礼的法律问题，刘律师会给你建议，我们先来讨论一下要不要离婚。

你们是在双方父母催促下很快结婚的，感情基础可能相对薄弱，如果不是感情已经难舍难分，无论贫穷、疾病都愿意相伴相随的情况，放弃这段婚姻可能更加明智。

从伴侣的角度看，精神分裂症是一种需要长期治疗和照顾的疾病，这对你来说无疑是一个巨大的负担，同时，对方在这么重大的事情上对你有所隐瞒，你的内心将很难迈过这个坎儿，这与自己事先知情并做出选择，有着本质区别。

从孕育下一代的角度看，你们要孩子会有很大的风险，如果因此而不要孩子，你的内心一定也是不甘的。

当然，如果你觉得自己对先生有感情，愿意和他一起面对困难，那也是一种勇敢的选择，但这需要有足够的心理准备和强大的内心。可以想象一下未来几十年里，你需要时刻关注他的病情，可能会面临他病情反复、情绪不稳定等各种状况，还需要承担一定的经济压力。

你如今所面临的情况，选择离婚是完全可以理解的。无论你最终作出怎样的决定，都要以自己的内心感受和实际情况为出发点，不要被外界的压力和道德绑架所左右。

刘律师：

遇到这种情况，你可以通过起诉来撤销婚姻。婚姻自由是法律赋予公民的权利，若小梁的诊疗记录属实，那小梁婚前患有精神分裂症属客观事实，且该疾病属于《母婴保健法》中规定的可能影响结婚和生育的疾病。小梁理应在登记结婚前如实告知，但小梁未履行如实告知义务，侵害了你的知情权，影响了你缔结婚姻的真实意思，你可以在知道对方患有精神疾病的一年内提起撤销婚姻诉讼。另外，你还可以要求一定的赔偿。

婚姻关系是基于双方真实自愿意思表示而成立的，如一方故意隐瞒重大疾病的事实，可能会加重另一方在婚后生活中的经济压力，影响婚后正常的婚姻生活，这有违另一方缔结婚姻的初衷，影响到另一方作出结婚意思表示的真实自愿完整性，故患病一方当事人如决定结婚，应当将其真实情况告知另一方当事人，另一方享有当然的知情权。

> **《中华人民共和国民法典》**
>
> **第一千零五十三条** 一方患有重大疾病的，应当在结婚登记前如实告知另一方；不如实告知的，另一方可以向人民法院请求撤销婚姻。
>
> 请求撤销婚姻的，应当自知道或者应当知道撤销事由之日起一年内提出。

第一千零五十四条 无效的或者被撤销的婚姻自始没有法律约束力，当事人不具有夫妻的权利和义务。同居期间所得的财产，由当事人协议处理；协议不成的，由人民法院根据照顾无过错方的原则判决。对重婚导致的无效婚姻的财产处理，不得侵害合法婚姻当事人的财产权益。当事人所生的子女，适用本法关于父母子女的规定。

婚姻无效或者被撤销的，无过错方有权请求损害赔偿。

35

遭遇家暴该怎么办？如何申请保护令？

我和老公结婚十几年了，有两个孩子，女孩 12 岁，男孩才 3 岁。老公脾气不好，经常辱骂我，但凡我反抗，就会遭受他的拳打脚踢，但他也会在事后哄我，不让我离婚。

我没有上班，全职照顾孩子。他是做销售的，收入也还可以，养家没问题，就是经济上对我控制很严，每个月只给基本的生活费，我还要记账。有一次他在外面不顺心，回家喝酒，看我没及时做下酒菜，便对我暴打，打得我鼻青脸肿，鼻子流血，俩孩子都吓坏了。老大跑出去找邻居报警，警察把他训诫了，他写了保证书，可事后还是没什么改变。

最近一次发生争吵，他狠狠掐我的脖子，小儿子吓得直哭，老大上学没在家，我带着儿子跑回了娘家。

我为了孩子忍气吞声多年，以为他会有所改变，但他反而对我家暴更严重。我想离婚，但他威胁要弄死我和我的娘家人。我很怕，该怎么办？

刘律师：

家暴只有零次和无数次，通过你自己的经历已经得到了证实。你长期的隐忍并没有换来他的改变，受到的伤害反而越来越多。

你有两个孩子，离婚对你来说确实是很难决定的一件事，但你得这么想：有家暴的婚姻不仅伤害你，更会伤害到孩子，你难道愿意看到孩子们在恐惧中成长，变得胆小、懦弱、自卑？作为母亲，你应该努力承担起保护孩子的责任。自己先强大起来，找一份工作，然后可以选择起诉离婚，争取两个孩子的抚养权，分割婚内财产，同时要求对方承担一定的抚养费。

如果你担心因离婚遭遇到对方的威胁，可以报警，可以寻求妇联帮助，还可以向法院申请人身安全保护令。即便你不离婚，也可以申请人身安全保护令。人民法院受理申请后，应当在 72 小时内作出人身安全保护令或者驳回申请；情况紧急的，应当在 24 小时内作出。

申请人身安全保护令需准备以下材料：

一是申请人与被申请人的身份信息，如身份证复印件、户口簿复印件、结婚证复印件等。

二是证明遭受家庭暴力、面临家庭暴力或者在终止恋爱关系、离婚之后，面临纠缠、骚扰，泄露、传播隐私和个人信息等现实危险的相关证据。

关于人身安全保护令，《反家庭暴力法》第二十三条、《妇女权益保障法》第二十九条和相关司法解释都有明确规定。

《中华人民共和国妇女权益保障法》

第二十九条 禁止以恋爱、交友为由或者在终止恋爱关系、离婚之后，纠缠、骚扰妇女，泄露、传播妇女隐私和个人信息。

妇女遭受上述侵害或者面临上述侵害现实危险的，可以向人民法院申请人身安全保护令。

《中华人民共和国反家庭暴力法》

第二十三条 当事人因遭受家庭暴力或者面临家庭暴力的现实危险，向人民法院申请人身安全保护令的，人民法院应当受理。

当事人是无民事行为能力人、限制民事行为能力人，或者因受到强制、威吓等原因无法申请人身安全保护令的，其近亲属、公安机关、妇女联合会、居民委员会、村民委员会、救助管理机构可以代为申请。

第二十四条 申请人身安全保护令应当以书面方式提出；书面申请确有困难的，可以口头申请，由人民法院记入笔录。

第二十五条 人身安全保护令案件由申请人或

者被申请人居住地、家庭暴力发生地的基层人民法院管辖。

第二十六条 人身安全保护令由人民法院以裁定形式作出。

第二十七条 作出人身安全保护令，应当具备下列条件：

（一）有明确的被申请人；

（二）有具体的请求；

（三）有遭受家庭暴力或者面临家庭暴力现实危险的情形。

第二十八条 人民法院受理申请后，应当在七十二小时内作出人身安全保护令或者驳回申请；情况紧急的，应当在二十四小时内作出。

第二十九条 人身安全保护令可以包括下列措施：

（一）禁止被申请人实施家庭暴力；

（二）禁止被申请人骚扰、跟踪、接触申请人及其相关近亲属；

（三）责令被申请人迁出申请人住所；

（四）保护申请人人身安全的其他措施。

第三十条 人身安全保护令的有效期不超过六个月，自作出之日起生效。人身安全保护令失效前，人民法院可以根据申请人的申请撤销、变更或者延长。

第三十一条 申请人对驳回申请不服或者被申请人对人身安全保护令不服的，可以自裁定生效之日起五日内向作出裁定的人民法院申请复议一次。人民法院依法作出人身安全保护令的，复议期间不停止人身安全保护令的执行。

第三十二条 人民法院作出人身安全保护令后，应当送达申请人、被申请人、公安机关以及居民委员会、村民委员会等有关组织。人身安全保护令由人民法院执行，公安机关以及居民委员会、村民委员会等应当协助执行。

董公子：

对待家暴，我们要"零容忍"。在遇到家暴时，我们要第一时间报警，或寻求家人帮助，或找街道，找妇联。总之，不能为了孩子而忍让，或者因为害怕而忍气吞声。有些施加家暴的人看到你害怕，内心反而会产生一种快感，从而施暴程度越来越严重。

在这样充满暴力的家庭长大，对孩子也是一种莫大的伤害，会影响孩子以后的婚姻观、家庭观，所以也建议你尽早带着孩子远离这样的家庭。

36

你能接受老公有异性好友吗？

　　我和先生恋爱 3 年，结婚 5 年，感情一直很好，但让我不能接受的是，先生有非常要好的异性朋友，两人是初中同学，可以说是无话不谈，基本上每半个月都要相约一起聚会，喝酒聊天儿，感觉他们在一起的氛围特别轻松。虽然我知道那个女同学也结婚了，家庭还很幸福，但是他们经常微信聊天，有时候还互通电话，我心里挺不舒服的。难道有什么事儿不能跟我说吗？还需要和别人聊天？

董公子：

　　异性朋友分为有界限感的和没有界限感的，有其他企图的和没有其他企图的，总想单独见面或者喜欢一群朋友一起见的。这些明眼人一眼就看得出来，其实本人也能感受到。

我相信男女之间还是有真朋友的，像你说的你老公的初中同学，到现在可能已有 20 年。彼此知道一些对方儿时的糗事，当时对方谈过的男女朋友，所以会有那种小伙伴儿的感觉，特别轻松。不论对方现在是什么老总、什么领导，见面还是当年的感觉。这种感觉和夫妻之间的聊天确实不一样。

　　当然，每个人对异性好友的容忍度不一样，有些人觉得和异性好友单独聊天是不应该的，有些人觉得和异性好友吃饭聊到深夜也是可以的，这就要夫妻双方达成一个共识，两个人都能接受才可以。

　　另外，总有人问我这个问题：跟前任还能不能保持联系？有些人觉得和前任应该老死不相往来，也有些人觉得即使不再相爱了，也可以做朋友。我觉得应遵循一个原则，就是不能让现任担心和不舒服。一切要以现在的亲密关系为主。

　　所有因为帮助前任，借钱给前任，去帮前任过生日而让现任生气、吵架或者冷战的，都是不理智的行为。已经过去的关系，就证明一定是有不合适的地方，所以不要留恋。一定会有人去关心你的前任的，但不该是你。拎得清的人才是聪明人。

　　总之，不管是异性好友还是前任，与异性交往都一定要以伴侣的感受为重，毕竟夫妻关系才是人生中最重要的关系。

刘律师：

我也认为男女之间会存在好朋友，但须有必要的边界感。

男女在一起时间久了，往往会产生感情，结婚后，与异性交往若没有边界感很可能会在不经意时越界。这会带来一系列的婚姻纠纷和问题。

你可以和你的先生谈你的看法和感受，让他理解你、尊重你，再适当减少与女"发小"的密切联系；你也可以找机会把你的顾虑和想法通过第三方或直接传递给那个"发小"，让她知道，你介意了。他们的行为已经让你产生危机感和不适感，她了解到你的感受，或许会有所注意和收敛。

如果这两个人还是完全忽略你的感受继续亲密，你可以考虑采取更强制的措施，毕竟你也不能一辈子在怀疑、生气中度过。

婚姻生活

37

发现老公有了"状况",我该怎么办?

我和老公之前一起经营着一家公司,但生完孩子之后我就回归家庭了,现在孩子刚上小学。老公因为一个人经营公司,工作很忙,所以有的时候回家很晚,甚至住在公司附近,我也一直没多想,毕竟他对孩子还是很上心的。

但是,最近他有时接连一周不回家,在家里也越来越心不在焉。我每次跟他要钱的时候,他情绪特别激动。种种迹象表明,他肯定是有情况了,公司的员工也提醒我,他有问题。我现在人到中年,又带着孩子,该怎么办呢?

董公子:

婚姻到了这个地步就如同嚼久了的口香糖,吐了可惜,嚼着没味儿。刚开始使劲嚼嚼,或许还能有几分滋味,偶尔还能有点儿不经意的惊喜，但是嚼的时间长了，惊喜就消失殆尽了。

所以，是继续这样没味儿地嚼着还是吐了，都看你对自己、对这个家庭和对他的判断。

有的人为了家庭完整，或者为了孩子，可能会选择隐忍，睁只眼闭只眼地凑合着。然而，凑合的日子并非没有代价。内心的压抑和不满可能会逐渐积累，最终在某个时刻爆发，对家庭和孩子造成更大的伤害。也有的人选择当面对峙把事情说清楚，或是在捋不清楚时转身离开，去追寻新的可能，但这也伴随着未知的风险和挑战。

所以，若选择继续，就需要双方共同努力，重新为这段关系注入新的活力，比如一起尝试新的活动，重新找回共同的兴趣爱好，或者进行深入的心灵沟通，化解过往的矛盾和误解。要是决定告别过去，那就要做好充分的准备，无论是心理上的还是现实生活中的。要考虑清楚财产分割、子女抚养等实际问题，同时也要有足够的勇气去面对外界的质疑和未来的不确定性。

总之，婚姻的走向取决于个人的选择，但无论如何，都应该以对自己、对家庭、对孩子负责的态度去作出决定。

刘律师：

发现老公有了情况，一定要冷静，千万不要冲动，冷静下来再做下一步的打算。

还是那句：看不住人，但要看住财产。你先看好家里的财产，看看存款有没有少，看看房产证有啥变化，家里其他财产是否有缺失。所有的财产凭证都收好，牢牢掌握在自己手里。

悄悄调查，看看老公与第三者的情况到了哪个阶段？如果是初期，要想办法消除隐患，进行家庭保卫战，可以跟老公摊开谈，甚至可以找对方去谈，直接问他们：你们到底想干什么？从这一点去考验你老公到底是维护家庭还是对第三者死心塌地，然后你可以做出选择：是离还是过。如果你老公有悔过表示，建议把握机会，让他写一份财产约定协议，你在协议中提出你的要求，另外可以写一份保证书，证明他犯过错，保证不再犯，等等。

如果到了中后期，经认真考虑，觉得婚姻已经不可挽回，那你就要收集整理证据，做好离婚的准备，多争取财产利益，要补偿，要赔偿，一样都不能少，尽量去保护自己和孩子的实际利益。

38

第三者上门挑衅，我该如何应对？

我和先生白手起家创业，现在生活富裕，住在一栋别墅里。平时老公忙他的，我就和朋友做做美容，喝喝下午茶，生活挺惬意的。其实到我们这个岁数，感情早已经不是那么重要了，生活的富足和安定最重要。但是我最近经常接到一个电话，跟我说一些奇奇怪怪的话，还发照片。女人的第六感告诉我是第三者找上门来了。这种情况我应该怎么办？是正面反击还是不理她？

董公子：

首先，这种事情先不要着急自己冒头，过早的暴露显得不淡定，也不利于解决问题。有人发信息骚扰你，说明这个人见不得光，没必要非自己出手收拾，可以观望一段时间，看看发信息的人会不会比你沉不住气，自己先跳出来，闹情绪开

"作"了。

其次，这种事情让别人出面比较好，有没有信得过的朋友、帮手？让他们出面解决。当然，如果你觉得你老公对这段婚姻还是非常看重，舍不得这个家和面子的话，也可以让他出面，毕竟有些男人也反感这种私下做小动作的行为。

至于你和老公两个人之间的问题怎么解决，就要看你的智慧和你想要什么了。从你所说的情况来看，我觉得你是一个活得比较明白的女人，可以自己拿主意。

刘律师：

我国法律明确规定夫妻之间应当互相忠实，禁止重婚。禁止有配偶者与他人同居。你的先生违反了夫妻之间的忠实义务，其行为属于违背公序良俗的不正当行为，也是法律所禁止的行为，应该受到应有的惩罚。

这个时候，你不要怕，也不要慌，冷静下来，理性地收集证据。第三者上门，正好给你提供了证据，那你就保存好这些证据。你也可以尝试跟对方取得联系，试探性地假装妥协让步，这样你才能套出更多的证据，比如交往的细节、购物转账凭据等，这些在日后都会成为你的有力支持。同时，你也要收集老公的财产信息，以及手机里的秘密，全部做好备份。

如果你有足够的证据，且想要离婚，那你可以与你的老公谈，若对方不想离婚，就可以按照你们的约定签署婚内财产约

把自己活明白

定协议,若以后离婚,法院也会按照你们的协议约定处分财产;如果对方不签协议并要离婚,他也会受到惩罚性的财产分割,减少财产分割,你有权要求其对你进行赔偿。

至于第三者,离不离婚,你都可以起诉她返还全部财产,你老公对她的赠与及花销都属于违背公序良俗的行为,属于无效的行为,应当被判全部返还。

《中华人民共和国民法典》

第一百五十三条 违反法律、行政法规的强制性规定的民事法律行为无效。但是,该强制性规定不导致该民事法律行为无效的除外。

违背公序良俗的民事法律行为无效。

第一千零四十二条 禁止包办、买卖婚姻和其他干涉婚姻自由的行为。禁止借婚姻索取财物。

禁止重婚。禁止有配偶者与他人同居。

禁止家庭暴力。禁止家庭成员间的虐待和遗弃。

第一千零四十三条 家庭应当树立优良家风,弘扬家庭美德,重视家庭文明建设。

夫妻应当互相忠实,互相尊重,互相关爱;家庭成员应当敬老爱幼,互相帮助,维护平等、和睦、文明的婚姻家庭关系。

婚姻生活

39

给老公安装定位，算侵权和违法吗？

我和老公结婚3年，感情一直很好，只是最近我发现他有一点问题，但也看不出具体哪里不对，就是凭直觉判断出来的。

比如，我们的手机密码一直互相都知道，可有一天他跟我说："咱俩手机密码都重新设置，谁也不要看谁的，这是每个人的权利。"还有一次，我们正和家人吃饭，他接到电话，就赶紧走到外面去接，聊了有十分钟左右，然后回来说是工作上的事。之前他接电话从来没有背过我们。而且最近他总是加班、出差，以前从没有过，这不得不让我产生怀疑。

我们正在备孕阶段，可我现在犹豫了。我想，万一他在外面有什么问题，那我是不能要孩子的，所以就想在他的车里和手机上安装定位，我这么做是不是违法呢？

刘律师：

隐私是自然人的私人生活安宁和不愿为他人知晓的私密空间、私密活动、私密信息。

尽管你们是夫妻，但在法律意义上，双方均为相对独立的民事主体，这就意味着二人不可以在未获对方许可的情况下，任意实施侵犯对方私密空间的行为，刺探、获取对方的私密信息。

如果你在未征得丈夫同意或未事先告知他的情况下，擅自在其名下车辆上安装定位器，即便你用"担心你的安全"这个借口来推托，由于丈夫日常使用该车辆，你在确认车辆位置的同时，亦知晓了丈夫的行程信息，而你丈夫的行程信息属于其私密信息，因此，你的行为已侵犯对方的隐私权。

由于夫妻之间具有相互忠诚的道德义务，妻子有权过问甚至调查丈夫是否具有违背夫妻忠诚义务的不当行为，此即为目的上具有正当性。但你为了实现正当目的，私自安装定位器的行为，也具有违法性。

一旦由于这样的事被丈夫起诉，你可能会承担侵权的民事赔偿责任。类似的案例已经有相关判例。在一起案件中，法院判侵权方妻子赔偿丈夫精神损害抚慰金 2000 元。同样的道理，在丈夫手机上安装定位也是违法行为，要承担民事赔偿责任。

监督丈夫是你的权利，但取证手段一定要合法，否则不仅证据是无效的，你还将承担因侵权行为带来的民事赔偿责任，严重的还将承担刑事责任。

《中华人民共和国民法典》

第九百九十五条 人格权受到侵害的，受害人有权依照本法和其他法律的规定请求行为人承担民事责任。受害人的停止侵害、排除妨碍、消除危险、消除影响、恢复名誉、赔礼道歉请求权，不适用诉讼时效的规定。

第一千零三十二条 自然人享有隐私权。任何组织或者个人不得以刺探、侵扰、泄露、公开等方式侵害他人的隐私权。

隐私是自然人的私人生活安宁和不愿为他人知晓的私密空间、私密活动、私密信息。

第一千零三十三条 除法律另有规定或者权利人明确同意外，任何组织或者个人不得实施下列行为：

（一）以电话、短信、即时通讯工具、电子邮件、传单等方式侵扰他人的私人生活安宁；

（二）进入、拍摄、窥视他人的住宅、宾馆房间等私密空间；

（三）拍摄、窥视、窃听、公开他人的私密活动；

（四）拍摄、窥视他人身体的私密部位；

（五）处理他人的私密信息；

（六）以其他方式侵害他人的隐私权。

第一千零三十四条　自然人的个人信息受法律保护。

个人信息是以电子或者其他方式记录的能够单独或者与其他信息结合识别特定自然人的各种信息，包括自然人的姓名、出生日期、身份证件号码、生物识别信息、住址、电话号码、电子邮箱、健康信息、行踪信息等。

个人信息中的私密信息，适用有关隐私权的规定；没有规定的，适用有关个人信息保护的规定。

董公子：

安装定位，查对方的聊天记录、转账记录，我知道这是很多人的无奈之举，肯定是因为太没有安全感，太焦虑了，或者是因为对方实在太反常，甚至谎话连篇。但是，我觉得婚姻如果走到了这个地步，已经需要这样你防着我，我防着你，就失去了相互信任的基础。

因为人其实往往是有一种最坏预期的，安装上这些东西之后，如果查了没有什么异样，会觉得是不是还没查到，会再想其他办法一探究竟。只有真的查到了才会觉得踏实。然而，真的查到了问题，又如何会踏实呢？只不过是从一种焦虑陷入另一种更深的痛苦之中。

而且，当我们把精力都放在寻找对方"实锤"的问题上，就忽略了去反思和改善婚姻本身存在的问题。也许最初只是一些小的矛盾和误解，因为缺乏沟通和理解，才逐渐演变成了严重的信任危机。更重要的是，这种行为一旦被对方发现，会引发巨大的信任危机，甚至可能直接导致婚姻破裂。

其实，在婚姻中，当感觉到不安时，我们更应该尝试通过积极的方式去重建信任，比如增加相处的时间、向对方说出自己的担忧、分享彼此的内心想法、共同规划未来，而不是依靠这种充满怀疑和侵犯隐私的手段。

毕竟，一段健康的婚姻关系，应该是建立在尊重、信任和爱的基础上，而不应是互相防备和窥探。只有双方都愿意坦诚相见，共同努力，才能让婚姻走过风雨，走向幸福的彼岸。

40

结婚后遇到心动的人，怎么办?

我今年 29 岁，大学毕业那年，我就和大学同班同学结了婚，生活平平淡淡，没有多好，但是也没有什么不好。今年单位派我外出培训三个月，是封闭式的。

慢慢地，我就和班上的一个男生越走越近，每天晚上我们会一起散步，交流的时候也争取分在一起。我们发现彼此之间有说不完的话，很多事情想法都一致，简直是相见恨晚。转眼间，三个月的培训就结束了，我们各自回到单位，有一种怅然若失的感觉，我们虽然在同一个城市，但是工作和住的地方离得很远，所以我们就在微信上保持高频的联系，在出去办事或者周末不忙的时候，也尽量争取见面。

我们在一起的时间太美好了，我觉得时间过得格外快，回家见到老公却是一句话都不想说。遇到这样的情况，我该怎么办?

董公子：

婚后遇真爱，这是一些人遇到过的情况。为什么呢？因为我们都是在成长的，人都是在变的。结婚的时候，大家可能还不是非常成熟，或是那时的自己只能遇到那时的伴侣。而婚后我们则进入了围城。所以，现在一些人会劝年轻人，可以稍微晚几年结婚，可能更知道自己想要的是什么，进入婚姻后更不容易后悔。

像你这种情况，觉得在婚外遇见了更契合的灵魂，该怎么办呢？

这个问题其实很难马上给出明确的答复，你大可观望一段时间，看是不是一直很开心，还是过一阵就没意思了，只是短暂的新鲜劲儿。要知道，一起培训、驻外、考察这些机会，其实是有环境滤镜的，因为在这样的环境下，大家脱离了家庭和工作负担，都很轻松。

另外，不要让自己过快"上头"。对方是怎么想的，你或许不是完全清楚，有可能对方只是图个新鲜，家里的妻子是其主食，你是重庆火锅、啤酒烤串，喜欢但并不想天天吃。

所以，缓一缓，把握好自己，别越界。有句话说得好，时间不是答案，但是答案都在时间里。

刘律师：

单纯从人性的角度看，人在一生中可能会喜欢很多人，但是，喜欢也有先后顺序，而爱也是要讲责任和契约精神的。若每个人对自己的行为没有约束，完全自由放任，那社会就乱套了。

什么是真爱？什么又是错爱？我在直播间问诊婚姻的时候做过初步统计，现在绝大多数的婚姻属于自由恋爱，可能通过亲友介绍，可能是从网络或其他途径相识，但最终决定走进婚姻的基本上都是男女互相看对了眼，觉得对方合适，属于自愿结婚，并不存在对方或他人的胁迫，更不存在买卖婚姻。值得一提的是，所有夫妻在婚礼上都曾海誓山盟，互表心意。

一段婚姻从热恋开始，再逐渐进入平淡期，这似乎是一个现实的规律。再好的婚姻也需要双方的呵护和用心经营，否则，一定会出现矛盾和裂缝，于是就给了自己一个"外遇"的借口，也给了他人可乘之机。

《民法典》规定了夫妻之间互相忠实的义务，这就意味着夫妻在婚内应该遵守夫妻之道，不能放任自己背弃誓约，一旦违反，必然对婚姻造成伤害，甚至导致婚姻解体。对于过错一方，在离婚时还应该承担过错赔偿责任，不仅财产要少分，对争取抚养权也失去了优势。

若不能好好经营自己的婚姻，即便离了婚，你也未必能和婚外那个人结婚，就算结婚了，也未必会比上一段婚姻过得更好，或许时间久了还会发现比上一段糟糕得多。那时候，你也许会感到后悔。

婚姻生活

41

我和先生是再婚，我有义务赡养他的父母吗？

我和老公是再婚，我们在之前的婚姻中各自有孩子。我的儿子现在跟我前夫生活，他的女儿跟他前妻生活。就是出于这个原因，我才同意跟他结婚的，毕竟，没有孩子在一起，矛盾冲突也会少一些。

他的父母年纪大且身体都不太好。他还有个妹妹，他妹妹跟他父母住一个小区，平时照顾父母比较多。我们偶尔也去，买些东西，做做饭，收拾一下卫生，这些我去的时候跟着他也做了。

最近，他妹妹跟他抱怨，说希望我多抽出时间和她轮流侍候公婆。他跟我商量，我拒绝了，他很不高兴，跟我闹情绪。我有工作，每天忙着上班，还要在周末探望自己的孩子和父母，没有更多精力照顾公婆。再说我是二婚，婆婆也没有帮我带过孩子，我有义务照顾公婆吗？这难道不是他们兄妹的义务吗？

刘律师：

在法律上，儿媳没有赡养公婆的法定义务，女婿亦没有赡养岳父、岳母的法定义务。因赡养纠纷起诉的案件，父母只能起诉自己的子女，不能将子女的配偶列为被告。

但在实际生活中，往往很难分得那么清楚。夫妻之间对财产享有共同的平等的处理权，丈夫用家中财产赡养父母，就等于妻子也承担了赡养义务。

从财产权益的角度看，公婆未明确单独赠与儿子的财产，你作为妻子依法可以享有一半的权利，你丈夫继承父母的遗产，也是一样。如果你认为享受这些的时候是理所当然的，那对公婆尽一点义务也是应当的。

从另一个角度看，如果你结婚后有孩子，想让公婆帮忙带孩子，法律上没有规定公婆有带孙子（女）的义务，父母帮忙带，这是他们的付出。等公婆有病了需要照顾，儿媳尽一点义务，这是人之常情。

当然，你是再婚，公婆没有帮你带孩子，你心理上觉得不亏欠公婆，也不愿意多照顾公婆，可以理解。其实这是你的权利，去照顾主要是基于自愿行为。

不过，赡养公婆虽然不是儿媳的法定义务，但是是道德义务，同时也是在考验你们的夫妻关系。如果想夫妻感情好，彼此还是要互相分担，互相依靠，你可以力所能及地做一些事。但不管怎样，你丈夫的妹妹和他本人不可以用道德来绑架你。

董公子：

家不是光讲义务的地方，还有情分。你和你先生是再婚。其实，再婚更需要用心好好经营。你们的优势是，孩子没在身边，也没有与父母生活在一起，这已经很好了，如果愿意为对方父母多操一点心，可能对方会更感动，对你也会更真心，两人的亲密感会更强。

其实，有时候人们都傻乎乎地把热情给了头婚，到二婚，经济和精力投入上会少很多。但其实不管几婚，日子都是自己的，不是吗？尽量把它过好，多付出一点，自己也可能因此拥有更幸福的婚姻和人生。

当然，付出是相互的，你照顾了对方父母，在家里就可以沟通，让老公多照顾你一些，或者也为你们的家庭多操点心。

人是将心比心的，掂量着来，别只付出，不求回报。当然，不要凡事分得太清，分得过清就生分了。

把自己活明白

142

42

婚后要和长辈一起生活吗？

现场咨询室

我和先生都是本地人，今年秋天准备结婚。他家在市中心有一套两居室，在郊区也有一套房。我其实想和先生住郊区的房，但是他父母和他劝说我一起住在市中心，说这样上班方便，公婆也可以做饭照顾我们。

我现在拿不定主意，是该单住呢，还是和公婆住在一起呢？

董公子：

我是建议单住的，有条件的话一定要单住。不要说对方的父母了，成年之后，我们就是和自己的父母在一起，都常常会产生这样或那样的矛盾。

有句话说，"亲戚远来香"。我们和父母可以住"一碗汤的距离"，就是他们有困难了，我们可以随时过去照看，我们

婚姻生活

如果需要帮助，他们也能随时来。真正住在一起有各种各样的不方便。首先，有长辈在，我们穿衣服、洗澡、和先生说话开玩笑，都没那么方便。其次就是家务，公婆做饭给你们吃，给自己的孩子他们是心甘情愿的，但是作为儿媳，你也不好意思一直不动手帮忙。有时候白天工作挺累，回家本来想休息，却不得不帮忙。时间长了就会疲倦，容易有怨言。公婆呢，会觉得一直在照顾你的衣食住行，给你们小家庭提供了很多帮助。这样下去，两代人其实内心都不痛快。而且还有一种相互被捆绑的感觉，他们会觉得为了你们不能自由自在出去旅行，你会觉得有公婆在家里，不能自在一些，周末也不能叫小伙伴们来家里串门聊天。

总之，还是有自己的独立空间才更有自主性，建议不要贪图一起住的便利。

刘律师：

我也建议你委婉拒绝公婆的好意，还是小两口单住更方便。我是一直反对子女在婚后与双方的父母一起生活的，其实互相都会不方便，而且一般迟早会产生矛盾。

不要贪图一时的便利，在一起住肯定不自在，一旦有了矛盾再想缓解可不容易。所以，婚后与双方父母尽量保持一定的距离和有各自独立的空间为好。

43

和对方亲戚处不好，怎么办？

我是北方人，先生是南方人。平时我们两个人相处得挺好，但是我和他家里的那些亲戚总是对不上眼，逢年过节回去，大家聚在一起我就很不自在。他们也觉得我不好相处，很高傲，不爱理人。能不见对方亲戚吗？

董公子：

其实，现在大多数人和亲戚的往来不是特别紧密，甭说那种不在一个地方的，就是本地的亲戚，一年也见不上几次。人们总爱说"面儿上的事"，就是大家都知道是表面功夫，还是要做一做。连表面功夫都不愿意做的人，往往就会被人认为不懂事、情商低。

你说能不能不见对方亲戚，其实不见可能不妥，但少见还是可以的，比如即使见面也少坐一些时间，自己是可以控制的。

婚姻生活

只要你先生和公公婆婆不挑你的理就可以。一般情况下，谁的亲戚谁主要去维护，作为另一半可以礼节性地出席。如果婆家觉得见不见无所谓，那你可以不见，但是如果是特别亲或者特别重要的亲戚，需要你配合的还是应该配合，毕竟你们不在当地，有时候公公婆婆有事还会需要亲戚们帮衬。

其实你可以这么想，就是坐在一起吃吃饭，有话多说没话少说，也不算特别为难的事情，工作中遇到的客户，可比这些亲戚难缠多了。

结婚和谈恋爱不一样，都会有些亲戚往来的事情，大宗旨就是和先生达成一致，不影响夫妻和小家庭的感情就行，别的也不是那么重要。

刘律师：

恋爱是两个人的事，结婚却是两个家庭的事，而结婚后就是彼此和对方若干家庭成员一众关系的事。

南北差异，文化不同，这些都会让你们产生互相的不适应。你不习惯别人，别人也不见得习惯你。亲戚之间，更多就是逢年过节走动交往一下，必要的应付还是应该做的，如果连做做样子都不肯，那会让爱人多么尴尬，甚至可能还会影响夫妻感情。

据我观察，夫妻之间，若一方特别反感对方的家人和亲戚，夫妻之间的关系通常不会好到哪里去。所谓爱屋及乌，你若真爱对方，就不会让对方为难，也不会让自己陷入难堪。

44

婚姻如一潭死水，怎么办？

我和先生结婚已经 12 年了，其实在结婚两年后有了孩子之后，婚姻就进入了平淡期。基本上日常生活都围着孩子转，平时聊的话题和周末节假日的安排，也以孩子为中心。现在孩子已经上四年级了，慢慢地不用我们操那么多心了，但是我忽然发现我们两个已经没有什么共同话题了，婚姻生活平淡如水。对方做什么自己也不是很感兴趣，两个人各忙各的，周末一起带孩子、做家务。有时间了我出去和朋友聊天，或者他出去和朋友喝酒，感觉我们两人更像是一个屋檐下的合租人。婚姻就是这样吗？

董公子：

感情进入平淡期，其实是每对夫妻都会面对的事，别说鸡毛蒜皮、柴米油盐的婚姻，就是谈恋爱谈久了也会这样。

用什么样的心态去看待这个事情，却有很大的不同。有的夫妻觉得这种平淡挺好，毕竟热恋时期那种大喜大悲，时间长了也受不了。很多人觉得家庭稳定了，反而有时间和精力出去忙事业，整天像谈恋爱时那样花心思哄对方，他们坚持不了多久。但是有些人，尤其是对感情需求比较高的人，会觉得进入平淡期就是不相爱的表现。

怎么去处理这种平淡也有差异。那些珍视婚姻，对伴侣还有爱意，想要经营好婚姻的人，会想办法让感情回温。情感类书籍中提供了很多方法，比如每周定一天家庭日过二人世界，一起到相爱时去过的纪念地重游，翻看过去的照片。只要两个人有心，这些都不是什么难事。

对于婚姻，从热烈走向平淡是真，是否过得没意思却不一定，选择权还是在你们两个人手中。

刘律师：

现实中，很少有婚姻是完美无缺的，就像是人无完人，我们总能在婚姻的某一段时间碎片里发现一些不尽如人意的事儿，有的是琐碎而单调的生活，有的是烦躁的吵吵闹闹，更有背叛、离婚的故事不断上演。婚姻需要经营，从来不是一句空话，它需要每个人付诸实际行动去认真对待。家人之间要经常制造一些机会去互动、互助、互爱，让家庭成员之间形成稳定的凝聚力。

如果婚姻如一潭死水，那就真的要决心改变了，不能放任这样的状态持续太久。伴侣应当是相互扶持、彼此陪伴的，如果夫妻双方只拿对方当合租客，那婚姻存在有什么意义？这样下去势必导致一方或双方有婚外情发生，给婚姻家庭和财产安全带来巨大隐患，对孩子的成长也非常不利。

按照《民法典》的规定，夫妻之间有共同抚育子女的义务及互相扶养的义务，只要夫妻目标坚定一致，以孩子为中心，以家庭为核心，同心同德，一定会构建一个和谐幸福的家庭。

45

要不要签婚后财产约定协议？怎么签？

　　我和老公结婚6年，感情一直都很好，我们有一个5岁的女儿，一家三口很温馨。我是小学老师，收入稳定，天天两点一线。老公在大公司上班，收入比我高很多，工作很忙，经常出差。平时我照顾家和孩子比较多，但我也无怨无悔，毕竟老公为了家也在拼。

　　可是，意外的发现打破了我们宁静的生活，也让我们夫妻之间出现了信任危机。我在他的手机微信里发现他跟一个女的聊天非常暧昧，怀疑他出轨，但他不承认，说是和同事开玩笑的，然后抢过手机把聊天记录全部删除。

　　从那以后，我总是担心发生婚变，担心我和孩子以后没地儿住。目前我们住的房子是以他的名义买的，他父母出资了一部分，还有贷款，但以他的收入情况，用不了几年就会还完。

为了保护我和孩子的利益，我想和他签一份婚后财产约定协议，该不该签？应该签的话，怎么签？

刘律师：

　　签署婚内财产约定协议的，大多是婚姻出现了状况，坦率地讲，就是一方犯错了，而且还是大错，即原则性的错误。感情好的夫妻根本想不起来签这个东西，也并不需要签。

　　你的想法很实际，担心如果发生婚变，自己和孩子经济上没有保障，提前做个预案是对的，但签署婚内财产约定协议，前提是需要双方达成共识。所谓协议，就需要签署协议的各方有这个意愿，并能够就所有事项达成书面意见。如果是一方有这个想法，而对方完全拒绝，那怎么签呢？总不能采取强迫手段吧？如果是强迫所签，这份协议也是可撤销的。

　　如果想要签，那就要考虑两个问题。第一个是：协议怎么写？第二个是：怎么让他签？

　　先说第一个问题。协议的名称一般是"夫妻财产约定协议"或"夫妻婚内财产约定协议"，一定要有"约定"两个字；内容上，双方就各项财产怎么约定分配及归属要一一写清楚，内容部分不要涉及离婚、过错、赔偿、子女抚养问题；最后双方签字即可。

　　第二个问题，怎么让他签？这就要根据情况来制订方案，可软硬兼施（但排除暴力行为），让他认识到自己的过错给婚姻带来的危机，理解你的顾虑和担心，让他主动签字。这也考验你的智慧和双方的感情。

这样的协议一经签署即发生法律效力，对此，《民法典》第一千零六十五条有明确规定。

《中华人民共和国民法典》

第一千零六十五条 男女双方可以约定婚姻关系存续期间所得的财产以及婚前财产归各自所有、共同所有或者部分各自所有、部分共同所有。约定应当采用书面形式。没有约定或者约定不明确的，适用本法第一千零六十二条、第一千零六十三条的规定。

夫妻对婚姻关系存续期间所得的财产以及婚前财产的约定，对双方具有法律约束力。

夫妻对婚姻关系存续期间所得的财产约定归各自所有，夫或者妻一方对外所负的债务，相对人知道该约定的，以夫或者妻一方的个人财产清偿。

董公子：

婚后也要保障自己的权益，这个想法没有错，哪怕是在婚姻稳定的时候，也不能够完全麻痹大意。毕竟婚姻也不是"保险箱"，你现在这种情况呢，确实应该多打算。

一方面是婚内的财产，当然应该多关注。其实除了协议，我建议大家一旦发现对方有其他想法，首先要提防对方转移财产。我遇到过很多咨询者，男人在有了异心之后，可能会用各种方法转移财产，所以做妻子的最好能对丈夫的收入有个较为全面的了解。

另一方面就是自己的独立能力。自己有没有独立生活的能力？有没有工作能力？能不能一个人带好孩子？这些都是要考虑和做准备的，因为这些其实也关系到自己的实际利益。

婚姻生活

46

你能接受婚后财产"AA 制"吗？

我和男朋友一起生活八年了，一直是共同分担房租和家庭各项开支。现在家里人催着我们结婚，男朋友提出结婚后，我们还像现在这样，个人的钱自己拿着，家庭有什么开支共同分担。我以为，结婚后钱是放在一起花的，像我爸妈那样。想问下，"AA 制"（各人平均分担所需费用）婚姻现实吗？

董公子：

其实，婚后财产"AA 制"现实不现实，取决于两个人能不能接受。有些人觉得婚后各花各的关系不亲密，还有些人觉得这样对收入低的一方不公平。像你们的情况，前面一起生活了八年，如果双方都很适应这种家庭财务支配方式的话，也是可以的。

"AA 制"并不普遍，但是确实有。我提醒你婚后财产"AA制"中应该注意的问题吧。首先，哪怕"AA 制"，双方也要了解彼此的财务状况，对方每个月大概的收入是多少，大概的开支是多少，这样在遇到有重大家庭开支的情况时，能够知道怎么考量。避免到时候突然发现对方拿不出钱来，或者钱都挥霍在其他地方了。

其次，分担只是个大概，不要过分计较。有的家庭计较到两个人买的鸡蛋都要标上号各吃各的，这样时间长了，家庭生活里就一点人情味都没有了。我吃你一个鸡蛋、一根葱你都要计较，那你生了病，我怎么会心甘情愿地照顾你呢？最后难免以离婚收场。

不管哪种支出方式，都是为了让婚姻变得更好，一定不要因为金钱而伤害到感情。

刘律师：

我国的法律规定的夫妻财产是法定制，也就是说，夫妻在结婚以后，财产是共同共有，双方对财产具有平等的处理权。

所谓"AA 制"，也就是财产约定制，双方财物分别管理，生活开销均摊，这么约定基于自愿，法律并不干涉。除了"AA制"以外，还有"AB 制"，就是财产所有差额制，家庭开销也是差额的，一方比另一方多承担一些。夫妻财产约定制，最好签署协议，以免以后有争议说不清。

既然你们习惯了"AA 制",可以在婚后继续试一试。后期随着家务增加、开销增大,可以再随时做出调整。不管采取哪一种形式,夫妻之间都享有对彼此财产的知情权。

但需要提醒的是,夫妻财产约定不能对抗外部,一旦一方发生借贷、责任赔偿,夫妻都可能成为被告,都可能被要求承担连带责任。

47

老公不给生活费和抚养费，能起诉吗？

　　我生孩子前是有工作的，因为怀孕才辞职。老公和公婆都劝我以家庭为重，好好安胎，他们负责我的生活费。我怀孕期间，婆婆对我很好，经常给我买各种营养品，做各种好吃的，照顾得无微不至。

　　可是，等孩子生下来以后，是个女孩，他们全家都变脸了，婆婆没有伺候月子，只是象征性带着东西来看过几次，老公以工作忙为由早出晚归不着家，是我亲妈来照顾我坐月子。

　　我老公是独生子，他们家特别希望有儿子，婆婆放出话希望我生二胎，可我并不想生，即便是生也要等老大三五岁以后吧，不然这两个小的我怎么带？再说了，万一再生个女孩，他们的态度只会更加恶劣。于是我偷偷去医院放了节育环，避免怀孕。

如今女儿1岁多了，婆婆见我肚子没动静，脸色特别难看，我老公也经常出差不回家，我不知道他在干些什么，也听到传言他在外面有人了。现在他有好几个月不往家里交钱，我只好向娘家求助，借钱度日。我娘家生活水平也一般，还有爷爷奶奶需要父母照顾。他不提离婚，就是冷暴力，可能想逼我自己提离婚，我该怎么应对？能起诉要生活费吗？

刘律师：

你有两个选择，不离婚或离婚回娘家。从你的陈述来看，我更倾向于你暂时不离婚，通过合理合法的方法讨要生活费和抚养费。因为毕竟你娘家也不富裕，你的父母要照顾家里的老人，没有更多精力照顾你和你的孩子，不要给他们增加负担。另外，你的老公对你主要是施加冷暴力，可能是受父母影响要儿子心切，也有可能是想让你自己提离婚，他不担那个骂名。

身体是你自己的，生与不生由你自己决定，但生育子女毕竟是夫妻之间以及家族中的一件大事。若各有想法、意见不统一，就会导致家庭关系失衡。

我建议你放出话来表示可以生二胎，并进行备孕，准备一些营养品，让家里的人都知道，而且让婆婆知道，你正在积极准备。让婆婆和老公对你转变态度，并主动拿出生活费。

如果这一招不灵，你可以找妇联寻求帮助。如果这一招还

把自己活明白

不行，那就起诉，法院一定会保护你和孩子的权益。

在此期间，你除了带孩子，也不要放弃自己的学习成长，多关注自己行业的讯息动态，为再次进入职场积极做准备。等孩子上了幼儿园，你就可以出去工作了，那个时候再提离婚，你也就有了底气。

关于婚内起诉索要生活费和抚养费的法律依据见《民法典》第一千零五十八条、第一千零五十九条的规定。

《中华人民共和国民法典》

第一千零五十八条 夫妻双方平等享有对未成年子女抚养、教育和保护的权利，共同承担对未成年子女抚养、教育和保护的义务。

第一千零五十九条 夫妻有相互扶养的义务。

需要扶养的一方，在另一方不履行扶养义务时，有要求其给付扶养费的权利。

董公子：

先生不给抚养费，婆家不愿意管你们母女，娘家经济条件又不好，这种情况下，首先要解决的并不是婚姻问题，而是经济问题。所以你需要想办法去和男方沟通和解决抚养费问题。

另外，孩子1岁多了，如果父母可以帮忙带，你要找一份工作，经济独立了，对婚姻才有自主权。等到你的工资能够养活你和孩子了，再提离婚你会更有信心，而且也能更顺畅地要到孩子的抚养权。

你先生应该给孩子的那部分抚养费是一定要出的，你能得到的还有家庭财产的一半。所以如果提离婚，你还得清楚家庭的财政状况，先生会不会把钱给外面的人花了等，你要尽可能心里有数。

据我了解，法院判定的抚养费通常并不会特别高，除非你能证明先生的收入和你们的生活水平非常高。而解决这些问题还需要你通过法律的手段去推动。

48

男方婚内隐匿、转移财产，能起诉吗？

    我和老公结婚30多年了，我们有两个孩子，一女一儿都结婚成家了，也都有了自己的孩子。我老公是包工头，挺能赚钱，他嫌弃我文化水平低、拿不出手，也不让我出去工作。我们10年前就已经分房睡，他在外面有没有人我不清楚，我也找不到证据，反正他除了偶尔应酬和出差之外天天回家，但钱财完全控制在他手里，赚了多少钱我完全不知情，也不敢问，一问就挨骂。

    我和他闹过离婚，他不离。我征求孩子们的意见，孩子们也强烈反对，还说他们的爸爸赚钱不容易，没有找第三者，也没有家暴我，都说我不应该折腾。

    我有一次偷着听他打电话给别人说什么工程款结算，好像要把几百万元转到什么人的账户，还有他背着我把两套房子分别转到了两个孩子的名下，目前住着的房子也逼着我加上了两个孩子的名字。

我现在离婚离不起，房子分不到，很无奈！但我不甘心，也担心以后没人管我，还是想分一点钱。孩子被他买通了，跟我也不怎么亲，我只有拿到钱，以后才能有点保障。

我能起诉他隐匿转移财产吗？我不离婚可以分财产吗？

刘律师：

结婚30多年，经济上长期受限制，身心遭遇长期压抑，却没离婚，你或许是不得已，我很心疼你的境遇。

如果你不想离婚，只想婚内起诉分割财产，是可以的，《民法典》对此有明确的规定，但起诉需要掌握一定的证据。比如，你老公单位的工资发放情况，你老公转账给别人的证据，你老公微信、支付宝等给别人消费的记录，以及其他的隐藏、转移财产的证据，等等。从现在开始，你要尽量收集证据，通过聊天录音、查老公的手机，也可以通过律师查他单位经营的情况和债权债务情况等，只要提供一点隐匿、转移财产的线索，就可以在婚内起诉分割财产，然后在诉讼中再申请法院调查他相关的财产线索，以便为自己争取更多的财产利益。

如果起诉有难度，而你的生活也因此陷入困境，你可以寻求当地妇联和法律援助中心的帮助。即便是婚内暂时因证据不足无法起诉分割财产，你也可以以生活困难为由起诉男方支付扶养费，并可以在诉讼中申请法院调查他的财产情况，为下一步起诉婚内分割财产打下基础。

如果你考虑离婚，那就可以直接起诉，及时向法院申请调查男方的所有财产，但你还需要提供基本的财产信息才可以。

孩子们都大了，可能有自己的考虑，他们或许被父亲收买，只顺从父亲的意愿和看中自己的实际利益，忽略了你的实际需要和真实感受。你应该真正为自己考虑，不想继续不堪的婚姻，可以起诉离婚。对于有的男人来说，他们很看重家庭的稳固和面子，有家有老婆，有两个孩子，他很体面。他在外面玩，对你不好，并不意味着他想离婚，对于他来说，你还有利用价值。他很精明，把房产提前都给了孩子，夫妻唯一住房也被他加上了两个孩子的名字，看来他早就对你有所防范，才把财产看得牢牢的。

关于女性家务劳动价值问题，《民法典》已经给出了答案，确定了家庭主妇的劳动是具有价值的，女方可以享有平等的权利分割婚内财产，同时还可以要求家务补偿金。

董公子：

法律问题听刘律师的建议，我来说一说女性的价值问题。你前面说先生这么多年来都嫌你文化水平低，拿不出手，但是可能你还是没有进步和改变。

当然，婚姻走到这个地步，可能是一个人的原因，也可能两个人的原因都有。也有可能他早有外心，这只是他的借口。就像晚上出门被抢劫，不去怪抢东西的，反而责怪被抢的人不该大晚上出门。

我们现在不从保住婚姻的角度分析，仅从取悦自己、增强自信的角度分析，在家这些年，你应该读书成长，见世面，让自己变得更好。

一切事情现在开始并不晚，如今孩子都成家了，你没有负担，多出去见人、见事，哪怕去超市、快餐店帮忙都行，见的世面多了，你就不会胆怯和畏惧变化了。

49

家里大额开支，谁说了算？

我和老公结婚15年了，有两个孩子，女儿读初中了，儿子刚读小学一年级。我生孩子以后就没上班了，老公让我辞的，他收入比较高，承诺养家没问题，说不缺我那点工资，让我安心料理家务，照顾孩子和老人。

公公、婆婆身体都不太好，可也没什么大毛病，带孩子什么的他们也帮不上。我们楼上楼下住，都是我做好饭叫他们到家里吃。我老公还经常领他父母去做保健，给他们买各种保健品、按摩椅，花起钱来毫不在乎。对于这些，我都没有意见。可是，我母亲最近生大病住院了，我哥哥出钱照顾，手术费还有缺口，我纠结了好久才跟我老公要几万元，可他只给了5000元，说公司暂时资金周转有困难，之后就再也没提过这事。我特别失望，我知道他有钱，只是不肯拿。我也不想离婚，就是想争取我的权益，该怎么做？

婚姻生活

165

刘律师：

《民法典》第一千零六十二条规定了夫妻对家庭财产享有平等的处理权。这就意味着家庭财产无论多少，夫妻双方都具有平等的管理权和支配权。

你老公认为你没有收入，家里的钱都是他赚的，就理所当然任意支配，其实这是否定了你对家庭的付出和价值。家务也是工作，也具有价值，家庭主妇要负责带娃、搞卫生、采购、做饭及其他杂事，干下来并不容易。

你可以买一本《民法典》给他看，提醒他你和他是平等的，具有同等的财产处理权，你们只不过是分工不同，一个主内，一个主外。他给他父母花，你也有权利给自己父母用，何况还是救急治病用。

如果他不理会，你可以起诉要求分割婚内财产，然后拿到分割款给母亲治病。虽然很多人都知道夫妻财产支配权、使用权的法律规定，但婚内可以要求分割夫妻财产的事可能很多人还不了解，这也是《民法典》的规定。既然你的母亲患大病需要医疗费，你有法定义务来承担相关费用，而你的丈夫也应该积极配合才对。他给自己父母买保健品都大手大脚不在乎，对你的父母却如此冷漠和吝啬，其做法确实不对，你应该用法律手段争取自己的权益，就算为了父母也要去据理力争。

《民法典》第一千零六十六条规定，一方负有法定扶养义

把自己活明白

务的人患有重大疾病需要医治，另一方不同意支付相关费用的，需要的一方可以起诉要求分割夫妻共同财产。拿着《民法典》跟他谈，谈不拢可以起诉。

董公子：

我知道这次让你感觉特别不好的地方，除了钱上的窘迫，还有对老公的失望和伤心，毕竟他给他父母花了那么多钱你都没有意见。但是到了你的父母那儿，不仅要低三下四地跟他提要求，而且还没有得到满足。

家里的大额开支肯定是要夫妻双方商量着来的，他给他父母动不动花几万元，你其实是可以提出异议的。你没有提当然是你大度，也可能你从心里就认为钱是他挣的，他更有发言权，但是有时候一味地忍让就会让对方也觉得这是理所应当的。

其实他给他父母花的那些钱里也有你的一半，所以你应该提醒他，在给他父母花这种大额的钱的时候，让你来给，你来做这个好人。这样不仅公公婆婆开心，也是让他明白，家里的钱其实你也有决定权。这样再遇到你家里需要用钱的时候，你也可以更硬气，毕竟我给你父母也买了那么多东西，花了那么多钱呢。虽然钱都是一样花，但是要有主动权。

如果他对你的要求有异议，认为他挣的钱只有他有支配权的话，那么你就要和他好好沟通沟通了，毕竟以后日子还长，你不可能永远在用钱的时候央求对方。法律明确了全职主妇做家务的价值，所以你也要对自己有一定的信心。

最后，提醒各位全职的女性，在家也要掌握一定的经济权，要了解另一半以及公司的财务状况，不要丢掉生活的主动权。

50

如何做，我父母的财产才能只归我个人所有？

我结婚3年了，因为和老公两人工作都忙，暂时没要孩子，这一点我老公也没什么意见。不过我公公、婆婆对此有意见，我婆婆经常旁敲侧击地敲打我，我每次也都应付过去，但时间长了会觉得有点累，也有点烦，就尽量避免和他们见面。每逢周末，我都找理由加班或跟姐妹聚会，让老公一个人回他父母家。

时间长了，闲话也来了，公婆跟别人说我要离婚，还说我不肯生孩子是别有用心。我老公跟我的关系也发生了微妙的变化，他虽然不说什么，但我明显感觉他有来自父母的压力，对我也不像以前那么坦诚了。

我隐隐担心我的婚姻可能有潜在的危机，如果我真的不要孩子，他们家会不会容忍？老公会不会提离婚？我父亲去世时留有遗嘱财产均归母亲，目前我母亲身体不太好，要经常去医院，她多次说过家里的财产都是我的。

我是不是要有所预防？让母亲写遗嘱？或赠与我个人？该怎么做更好？

刘律师：

婚姻不仅是两个人的事，更是两个家庭的事。传统的家庭都希望享受子孙绕膝的天伦之乐，这无可厚非。

要不要孩子，确实需要夫妻两个人协商好，如果有分歧，再加上一方原生家庭的介入，势必导致夫妻关系的变化。这些问题婚前都应该说清楚。

既然已经嗅到了婚姻的隐隐危机，不仅要用心维护婚姻，也要做好随时退场的准备。你母亲答应把财产全部留给你，有两种方法可以考虑。第一种方法是赠与，第二种方法就是立遗嘱。无论采取哪一种方法，都要写清楚财产归你个人所有，与配偶及他人无关。赠与和遗嘱都可以做公证。

《中华人民共和国民法典》

第一千零六十三条 下列财产为夫妻一方的个人财产：

（一）一方的婚前财产；

（二）一方因受到人身损害获得的赔偿或者补偿；

（三）遗嘱或者赠与合同中确定只归一方的财产；

把自己活明白

（四）一方专用的生活用品；

（五）其他应当归一方的财产。

董公子：

什么事情都是先做预案，比遇到事情再做打算要好得多。你现在说他会不会提离婚，与其这样担心，不如直接问，摊开了聊才能知道先生的真实想法，否则猜来猜去更累。毕竟人心隔肚皮，你怎么猜也猜不明白。

而且很多事情的主动权其实都在自己手上，你们现在没要孩子，离婚对双方的损失相对没那么大，你还有父亲和母亲的财产傍身，所以没有什么可怕的。关键看你对这段婚姻怎么看。如果你对先生有感情，想要继续这段婚姻，那么就要和先生消除隔阂，往好的方向努力。至于保存财产方面，参考刘律师说的。如果你内心对这段婚姻毫无留恋，那么与其等着他说离婚，不如你主动。什么事情只要想明白了，做起来就都不难。

51

结婚后，父母提供部分购房款，如何规避风险？

　　我和妻子结婚后住的是一居室大开间，有了孩子以后就显得局促了，考虑贷款换一个大两居房子，也看好了一套学区房。可是首付不够，还缺50万元。

　　目前，我们住的一居室是我自己赚钱买的，卖了再买算共同财产也无所谓，毕竟我和妻子感情很好，也有了宝宝。不过父母出资50万元，我有点顾虑，那可是父母全部的积蓄。父母倒是说了他们暂时不用钱，等他们实在需要了再说。可我总担心万一有什么变故，我应该怎么做更妥当呢？

刘律师：

　　子女结婚后，父母出资为儿女买房，由此引发的纠纷很多，尤其在子女遭遇婚姻变故的时候更为明显。

现实生活中，很少看到父母给子女出资有手续的，没有借条，没有赠与合同，没有合资协议。可是，一旦子女闹离婚，他们就慌了，纷纷跳出来证明那是借款，是投资，是赠与自己子女的。于是，各种手续及证明纷纷出现。可对方不认，法院认定也很难！

平心而论，站在出资一方父母的角度看，几十万元、几百万元被离婚一方分走一半或大部分，那确实是如割肉一般。留给儿子、孙子他们不心疼，可分割给"外人"确实不忍。离婚后，儿媳／女婿就成了外人。

你父母把老本儿都掏了出来，作为儿子的你要感恩，同时更应该保护父母的利益。你可以与妻子协商，以借款方式办个手续，等有履行能力的时候再还，毕竟父母年纪大了，看病就医手里也不能没钱。但如果不拿父母的钱，对于年轻人买房来说，也不现实。毕竟这么一大笔钱，除了父母，谁又肯借给你们？去银行贷款要有抵押物的，也要承担利息。你要和妻子讲清楚，父母出资并不是天经地义的，还是立个字据为好。

关于父母出资的法律规定见《最高人民法院关于适用〈中华人民共和国民法典〉婚姻家庭编的解释（一）》第二十九条。

董公子：

你目前面临的不仅是财务上的决策，更是关乎家庭情感与责任的重要考量。先恭喜你和你妻子迎来了新生命，这无疑是家庭中十分美好的时刻之一，但也确实带来了居住空间上的新挑战。

首先，父母愿意出资支持，你和妻子应该深深地感受到父母对你们小家庭的深厚爱意和支持。他们的积蓄是多年辛劳的积累，但他们愿意拿出来帮助你们，这是无价的情感投资。因此，表达感激之情至关重要。同时，与父母进行深入的沟通，把父母的资助当作借款，确保双方对这笔资助的还款计划有清晰的认识和共识。

其次，作为夫妻，你和你妻子应该共同商议这个决定。考虑到父母的资助，未来如何平衡感激之情与可能的经济压力。

比如在某些方面给予他们更多的关心和照顾，以表达你们的反哺之情。

最后，珍惜当下，展望未来。虽然婚姻和生活都存在不确定性，但是也要对未来充满信心，相信通过夫妻双方的共同努力和家人的支持，你们一定能够越来越好，实现更美好的生活。

52

结婚后，怎么保护个人财产？

我和男朋友要结婚了，我们两家经济上倒是差不多，双方父母都是做生意的。我是独生女，父母已经为我买了一套房和一个商铺。男朋友家也有好几套房子。我们的婚房是男方父母准备的，我也没有要求加名字，但他家给了我 28 万元的彩礼，我加了 20 多万元买了辆车。

我们各自的财产比较多，我的收入也比较高，男友和父母做生意，财产混同在一起。

闺密的婚姻发生了婚变，离婚什么也没分到不说还分摊了债务，就特意提醒我"留个心眼儿"。我其实没惦记他们家的财产，但还是考虑得保护自己的财产利益，不受损失，该怎么做呢？

刘律师：

看起来你们两个家庭门当户对，旗鼓相当。

你担心的问题，也许正是对方所担心的问题。如果对婚前财产有所顾虑，确实可以考虑趁现在提出来。如果恰巧对方也有这个想法，那就刚好，你们可以协商一致后就婚前婚后财产、收益以及还贷、接受的赠与及遗产一一作出约定，双方签字确认即可。

如果对方不肯签，你也不要有过多的顾虑，毕竟他们家财产也挺多，不用太过于担心。同时你可以让你自己的父母写遗嘱或赠与协议，把财产只留给你。

不过，既然结婚了，建议双方还是以爱来经营婚姻，只要感情和谐，家庭幸福，日子过得长长久久，也就不用分彼此了。

董公子：

首先祝贺你找到了门当户对的伴侣，你和你男朋友有着相似的家庭背景，你们最开始的磨合会相对容易很多。经济上都比较宽裕，为你们的婚姻奠定了良好的物质基础，两家都是做生意的，在很多方面的认知会有相似之处，这都是好的因素。

你当前的问题涉及婚前财产规划和个人情感保护的双重考量。

你在婚前拥有自己的房产和商铺，而男方也有很不错的家底，这样的结合彼此不会有太多想要占对方便宜的心理。从你们的做法也可以看出，男方出了婚房，这对于他家来说不算什么，你没有要求加名，体现了你也没有觊觎那套房子。这是好的开始，大家都很大气，也有这个条件。

说到底，是闺密的婚姻变故让你对婚姻中的财产问题产生了警觉，这是非常正常的反应。但重要的是，不要因此而对婚姻产生过多的不信任感，而是要学会在婚姻中保护自己的同时，也能够维护双方的信任和感情。

你可以在婚前与伴侣坦诚地讨论婚前财产和婚后财务规划的问题，表达你的担忧和想法，同时也听听他的观点。通过沟通，你们可以更好地理解对方的立场和需求，从而找到双方都能接受的解决方案。

如果双方都认为有必要，可以考虑签订婚前协议。协议上明确双方在婚前和婚后财产的归属、债务的分担等问题，为未来的婚姻生活提供法律保障。

但一定要注意，签订婚前协议是为了婚后更好地生活，而不是为了给两人的关系结个梁子，一定要双方自愿、平等、协商一致。

婚姻是建立在信任的基础上的。虽然有些家庭的确因为财产问题引发了一些矛盾和分歧，但大部分家庭是心往一处使、相互信任、相互支持的。

希望你们未来在婚姻中多沟通，多交流，多关心对方的需求和感受，建立起深厚的感情基础。婚姻是人生中非常重要的一部分，需要双方共同经营和维护。

53
要不要追回老公赠与"小三"的财物？

　　我和老公结婚五年多，有个女儿3岁了，我们一家三口一直都很和谐幸福，也曾被亲友们评为模范家庭。可是，最近我发现，我老公居然出轨了！

　　他不仅出轨，还给"小三"买了很多礼物，转账也有两三万元，我心疼那些钱，想讨回来。

　　我老公不想离婚，跪地求饶，也写了保证书，承诺一旦再出轨就净身出户，任我处置，公婆也都站在我这边。在各种压力下，他似乎和"小三"断了。但我咽不下这口气，想起诉追讨这些钱物，虽然我家并不差这点钱。可我老公求我不要起诉，说很没面子，而我的父母也劝我息事宁人。我有些纠结，到底该不该追讨呢？难道只许他犯错，我就不能有什么动作？

刘律师：

你老公婚内出轨，于情于理他都应该受到谴责，从你公婆的态度上就能看出来他们明显支持你。正所谓得道多助，失道寡助。你的父母实际上也支持你，但他们也担心你的婚姻变故，所以只能充当和事佬，劝你"消消气"。站在父母的立场考虑，也可以理解。

从法律上说，你老公有外遇，赠送情人礼物、金钱，属于违背公序良俗的无效赠与，你可以通过起诉全部讨回这些财物。《民法典》第八条对此情形作出了规定。

建议你权衡利弊，这点财务对你影响可能没有那么大，维护家庭稳定才是你当前最应该关注的。你可以考察你老公一段时间，若再犯，绝不含糊，一起收拾算总账。

董公子：

你气不过，想出口气，这个可以理解，你觉得已经丢了人，不能再丢钱，这个也可以理解。但是，你的父母为什么也劝你息事宁人呢？其实多半不是怕惹不起，而是希望与"小三"这种人能够尽早断开联系，让她在你们生活中消失得越远越好。

眼不见，心不烦。起诉或者通过一些方法反复和对方纠缠，影响的也是你的心情，尽早地从这种事情中脱身出来，别伤到自己的身体才是最重要的。

54

老公写的保证书有什么用？

我和老公是"发小"，长大后恋爱并结婚生子，一直过得很好。因为太熟悉了，互相太了解了，我也就从来没有设防，也没有一丝一毫怀疑过他。可是，意外还是发生了。

我儿子5岁生日那天，我准备了饭菜和蛋糕，和儿子等他回家吃饭，可左等右等他都没回来，电话也不接，很晚了也没有消息。我只好陪儿子先吃，再把他哄睡了，然后我在沙发上等他回家，一直等到晚上11点多。他敲门进来，喝得醉醺醺的，说公司有应酬，我就扶他进房间休息。出于好奇，我翻看了他的手机，一下子就蒙了，他的手机里有多次去娱乐场所的消费记录，还有聊天记录，我气得发抖，但没忘记截屏和录屏留下证据。

第二天他醒后，我把手机截屏发给他，质问他为什么这样，他求我不要告诉他父母和我父母，还说只是消费娱乐陪客户而已。我不信，不得已，他写了保证书，承诺以后不再犯，保证不离婚，保证不伤害我和孩子。

我考虑过离婚，但又纠结：孩子还小，他最近也表现特好，下班就回家，也看不出什么破绽，但我已经不怎么相信他了。我现在很担心，他真的不会再犯了吗？如果他再犯，那写的保证书又有什么用呢？

刘律师：

出轨和家暴性质有些类似，只有零次和无数次，大概率是这样，当然也不排除极个别的例外。

保证书你要收好，以后万一离婚这也算是他有过错的证据，你可以据此要求多分财产，要家务补偿金，要过错赔偿金，对争取孩子抚养权也有利。至于保证"不离婚"，保证"不伤害你和孩子"，这些都是废话，没有任何意义。日后他一旦起诉离婚，法院不能凭这份"保证书"判不离婚，离婚是每个人依法享有的权利，不能以协议的方式予以限制，这种限制或承诺也是无效的。

如果有可能，就让他签一份财产约定协议，看看财产约定协议怎么对你和孩子更有利就怎么签，只要他同意签字就可以。签订了财产约定协议，如果你们离婚时有争议，法院会按照协议的内容处理财产。

看不住人，就看住财产，守护好孩子，一旦离婚分割财产时，法律会照顾子女、女性和无过错方的权益。

对此，《民法典》第一千零八十七条有明确规定。

> **《中华人民共和国民法典》**
>
> **第一千零八十七条**　离婚时，夫妻的共同财产由双方协议处理；协议不成的，由人民法院根据财产的具体情况，按照照顾子女、女方和无过错方权益的原则判决。
>
> 对夫或者妻在家庭土地承包经营中享有的权益等，应当依法予以保护。

董公子：

什么东西最不可信？就是保证和誓言啊！相爱的时候，我们都说过很多誓言，但是能够成真的又有几个呢？我相信大家保证的时候、说誓言的时候是真心的，但是情况不是一成不变的，我们也要做好应对一切变化的准备。

保证书这些东西，如果当时能让自己消气，就是有用的，至于说能真的保证什么，连结婚证都不能，更何况其他的。这个东西，或许主要就是离婚的时候能够证明对方是有过错的。

婚姻生活

婚姻变故

明智地放弃，
胜过盲目地执着

05

55

和老公过不下去了,但有孩子,我该不该离婚?

我和我老公因为感情不和,感觉过不下去了。但是现在一个孩子面临中考,还有一个孩子年纪很小,还没上幼儿园。很多人都说这个时候我们不应该离婚,怕影响孩子学习。

我其实觉得孩子小更容易适应新的生活,一直拖下去的话对孩子更不好,不知道应该怎么作决定。

董公子:

这个问题等于是在问:什么时候离婚对孩子伤害更小?其实什么时候离婚对孩子都是有伤害的,所以和时间没有关系,考虑怎么样离婚对孩子伤害更小才是有用的。

很多人会顾虑孩子太小时不合适,孩子升学时不合适,但是如果双方确实走到离婚这一步,那两个人之间的感觉早就不对了，在这样的环境下生活，孩子也会莫名地感觉到一种压力。有些父母总以为孩子小，察觉不出父母关系的异样，但是其实大部分孩子心里跟明镜儿似的。

我觉得你考虑的有一点是对的，就是孩子很小的时候，可能对家庭变故更容易适应，这个时候如果有新的家庭成员加入，也是相对容易融入的。那像孩子面临升学这种情况，有很多父母坚持到孩子高考之后再离婚，殊不知在之前的这几年，孩子心里承受着很大的压力和矛盾。他明知道父母的婚姻出了问题，好像一座大厦随时要塌下来，还要装作不知道，有时候反而会影响孩子的考试状态。

不过，想要对孩子付出真心，只有爱才是良药。

刘律师：

你要想清楚，自己到底是怎么想的。其实，很多成年人是自己拎不清，总拿孩子当借口。

你们相处不愉快、不和谐，家庭氛围不会好，你们的情绪都写在脸上，孩子们都能感受得到，只不过他们不说而已。很多家长在孩子面前装"没事"，表演给孩子看，背地里互相嫌弃，感情冷淡，这样的表演真的过关吗？孩子们很敏感也很聪明，或许都看得出来。

如果真的过不下去了，不如冷静并友好协商分开，认真解决好财产处理问题及孩子的抚养问题，尽量减少对孩子的伤害。

从我们大量的案例研究来看，离婚后父母若能够正常沟通联系，能够共同保持对孩子的关注度，孩子也都不会出现太大问题。反倒是婚姻中关系不好的、离婚后老死不相往来的，对孩子的伤害更大。

　　事实证明，对孩子的教育成功与否，关键是看父母如何正确处理自己的问题，双方如何正确相处与正常沟通，如何正确共同面对孩子成长期的各种问题。这些问题才是关键。

56

如何收集老公出轨的证据，以争取最大的利益？

我和先生结婚12年了，有两个孩子，一个10岁，另一个5岁。老公和在工作中认识的一个女人关系非常密切，两个人每周都要相约一起喝茶、吃饭，还经常借出差的便利一起旅游。虽然老公给家里的钱一点儿都没有少，但是很明显，他想和外面的女人一起生活。我能感受到他的心思，我自己也想离婚，反正我们都还不老，不到40岁，还有大好的未来可以自己选择。

像这种他出轨在先的情况，我该如何向法院证明他是过错方呢？怎么样收集证据才对我更有利呢？我们婚后买了一套房子，房屋所有权证上登记的是我们两个人的名字，目前还有贷款，他还贷，有辆车在他名下，家里还有20多万元存款在我名下。我想要房子和两个孩子的抚养权，可以吗？

刘律师：

法律规定，离婚时分割财产，会照顾子女、女性及无过错方。这三样你都占了，在分割财产时你应该占据优势。如果你能证明他有过错且你照顾孩子较多，那么你可以争取到两个孩子的抚养权。不过，养两个孩子责任可不小，你会比较辛苦。

关于取证，你可以通过他的手机查询相关证据，但不能通过窃取密码的方式，如果老公改了密码，你是试出来的，这个具体怎么说全看你自己了，你要是说他告诉你的，谁又能拿你怎么样呢？一般情况下，夫妻双方可能知道彼此的密码，你有意无意翻到他手机，应该会查询到一些讯息，消费记录、照片、视频、开房记录、出游记录等，都要及时留存。另外也可以在掌握一些基本证据的情况下突然跟他谈，他突然被"袭击"，会有点蒙，或许就能坦白交代一些，那你就赶紧录音，录下来，或让他当场写下保证书、悔过书之类的纸质材料，之后起诉离婚，这些都是过错的证据。如果可以趁热打铁，就让他签一份财产约定协议，按照你的意思约定财产归属比例，双方签字及写明日期即可。有了这些，离婚诉讼时，你就可以去争取最大的财产利益。即便是他不肯签署婚内财产约定协议，你有他过错的证据，离婚分财产也会适当多分。

除了以上财产部分，你还可以在离婚时主张家务补偿金，提出自己认为合理的诉求数额，再要求对方支付过错的精神赔偿金，按照他一年的年收入提出诉求。

关于子女抚养问题，你要整理收集自己照顾孩子更多的证据，也可以拍孩子表示更愿意和你生活的视频向法官提供，抚养费则可以按照男方月收入的 50% 提出诉求。

如果担心男方在诉讼中转移财产，可以在起诉时申请财产保全，以确保财产利益不受损失。

董公子：

刘律师从法律方面给了很好的建议，我就从情感方面说一下。我觉得你的想法是对的，大家还年轻，没必要和一个心已不在你这里的人耗下去。争取更多的权益，过好自己的人生，才是明智的。

我听说过有的人，因为不甘心放手，默认丈夫和其他女性在一起，且一直苦苦坚持不离婚，最后人到中年，自己的身体还熬出了问题，令人唏嘘，非常不值。

自己的人生永远要掌握在自己手里，不能因为别人的过错而荒废自己的人生。发现走错路就赶紧调整方向，在正确的路上，去拥抱好的心情，去欣赏好的风景。

57

女性在离婚时如何争取最大的财产利益？

　　我和老公结婚15年了，他是二婚。我们结婚时，他的女儿才5岁，都是我在照顾，婆婆也帮不上。婚后第二年，我就有了自己的男宝，但我没有减少对他女儿的爱，同样视若己出。

　　我从事的是会计工作，因单位性质，不需要全职上班，平时除照顾孩子外，还要经常去照顾身体不太好的公公、婆婆。我老公是做销售的，虽然收入还不错，但对家里根本无暇顾及。他这两年有了外遇，一头扎进去不悔改，但也不提离婚。

　　目前，我们看得见的财产如下：一套全款付的房子，房产证上写了我俩的名字；一辆写了他的名字的车；一些在我名下的存款。至于他是否有其他隐藏的财产，该怎么查？我想离婚，如何争取婚姻财产利益最大化？

刘律师：

女性离婚时，在争取最大化的财产利益时，可以从以下几个角度考虑：

首先，查清楚家里所有的财产，担心财产被转移就及时保全；查不到具体的财产可按程序申请法院调查。确定所有的财产以后，可以根据自己的实际情况要求适当多分。法律规定在离婚分财产时，应该照顾子女、女性及无过错一方的权益。

其次，有两笔钱你一定要争取。一是在诉求中要求一笔家务补偿金。你结婚十几年，照顾两个孩子和两位老人，还要料理所有的家务，对家庭付出很多，应该得到补偿。这与你有没有工作并不冲突，也与你要求分割夫妻共同财产不冲突。家务补偿金的数额，你可以根据你的付出与对方的收入计算合理的数额。二是过错赔偿金。男方婚内出轨，属于重大过错，离婚时应该对你进行赔偿。具体诉求建议你按照他一年的年收入主张，法院会根据情况酌情判决。

最后，关于其他隐匿、转移的财产，你提供必要的线索申请法院调查，如果暂时查不到也别放弃，离婚后查到还可以再起诉要求分割。

《中华人民共和国民法典》

第一千零八十七条　离婚时，夫妻的共同财产由双方协议处理；协议不成的，由人民法院根据财产的具体情况，按照照顾子女、女方和无过错方权益的原则判决。

对夫或者妻在家庭土地承包经营中享有的权益等，应当依法予以保护。

第一千零八十八条　夫妻一方因抚育子女、照料老年人、协助另一方工作等负担较多义务的，离婚时有权向另一方请求补偿，另一方应当给予补偿。具体办法由双方协议；协议不成的，由人民法院判决。

第一千零九十一条　有下列情形之一，导致离婚的，无过错方有权请求损害赔偿：

（一）重婚；

（二）与他人同居；

（三）实施家庭暴力；

（四）虐待、遗弃家庭成员；

（五）有其他重大过错。

第一千零九十二条　夫妻一方隐藏、转移、变卖、毁损、挥霍夫妻共同财产，或者伪造夫妻共同债务企图侵占另一方财产的，在离婚分割夫妻共同财产时，对该方可以少分或者不分。离婚后，另一方发现有上述行为的，可以向人民法院提起诉讼，请求再次分割夫妻共同财产。

58

离婚时，女性争取抚养权有哪些优势？

我和我先生因为我的工作变动，一起从上海市搬到某直辖市生活。到这边后，我们各自的事业发展得都很好，但是感情出现了隔阂。他是因为跟着我到了陌生城市，总有怨言。我把心思都放在了照顾孩子和工作上面，懒得理他。

因为总吵架，我们现在决定离婚。5岁儿子是他们家的独苗儿，所以他家人肯定会和我争夺孩子的抚养权。但是，我听说法院一般会倾向于让孩子跟着妈妈，所以我想知道：女性在争取抚养权上面是不是有优势？

刘律师：

你们既然决定离婚，可以协议离婚，当然前提就所有问题达成一致，包括子女抚养权问题。如果有某个问题达不成一致，就只能起诉离婚。不过只有感情确已破裂，调解无效时，法院通常才判离婚。

本案例中，目前双方最大的争议就是抚养权。法律上对于离婚抚养权处理会考虑以下因素：

（1）离婚后，不满两周岁的子女，以由母亲直接抚养为原则；

（2）两周岁以上的子女，将优先考虑条件较好的一方抚养子女；

（3）八周岁以上未成年子女与父母生活有争议的，应当尊重子女自己的意见；

（4）父母双方可以协议轮流抚养子女，根据双方自愿达成的抚养协议或者在法院参与下达成抚养协议；

（5）父方与母方抚养子女的条件基本相同，双方均要求子女与其共同生活，但子女单独随外祖父母共同生活多年，且外祖父母要求并且有能力帮助子女照顾外孙子女的，可作为子女随父或母生活的优先条件予以考虑。

判由女方抚养子女的有利条件主要有：

（1）两周岁以下的子女，一般随母方生活。

（2）已做绝育手术或因其他原因丧失生育能力的。

（3）子女随其生活时间较长，改变生活环境对子女健康成长明显不利的。

（4）无其他子女，而另一方有其他子女的。

（5）子女随其生活，对子女成长有利，而另一方患有久治不愈的传染性疾病或其他严重疾病，或者有其他不利于子女身心健康的情形，不宜与子女共同生活的。

（6）男女双方的抚养条件，在工作稳定程度、收入情况差距不大的前提下，如果男方对于夫妻感情破裂有过错，如有家庭暴力、有证据证明的婚外情等，孩子判归女方的可能性较大。男方有不良嗜好，如赌博、酗酒等恶习的，考虑到其恶习对孩子成长有不利影响，法院一般会将孩子判归女方。

（7）如果男女双方均无明显过错，各方面条件都相当，如果女方的思想品质好一些，更有时间照顾孩子，得到孩子抚养权的可能性就会更大。

（8）双方抚养子女的条件基本相同，但子女单独随外祖父母生活多年，且外祖父母要求并且有能力帮助子女照顾外孙子女的。

（9）八周岁以上的子女主动要求与母亲生活的，法院会优先考虑女方的抚养权。

另外，你们也可以协商轮流抚养，这样可以分担压力。

董公子：

作为母亲，肯定是想要孩子在自己身边的，我们都可以理解。

我们大部分人认为，母亲抚养孩子天经地义，母亲在照顾孩子方面可能具有天然的优势和更多的情感联系，这也是毋庸置疑的。

但是也要认识到，每个案件都是独特的，法院的最终决定会综合考虑多种因素，包括但不限于孩子的最佳利益，父母的抚养能力，孩子的年龄、健康状况、生活环境稳定性以及父母双方的意愿和条件等。

法院的首要原则是确保孩子的最佳利益，这意味着它会全面、认真评估双方父母的能力、意愿以及孩子与父母的关系。所以在准备争取抚养权的过程中，我们还是要做尽量充足的准备。比如：

1. 展示你的抚养能力。证明你有能力为孩子提供稳定的生活环境和良好的教育资源。这包括你的经济状况、居住条件、教育背景以及对孩子日常生活的照顾能力。

2. 强调与孩子的亲密关系。通过照片、视频、日常互动的记录等方式，展示你与孩子之间的深厚感情和紧密联系。法院往往倾向于保持孩子与主要照顾者之间的稳定关系。

3. 表达合作意愿。即使与配偶关系紧张，也要表现出愿意为了孩子的利益与情感而进行合作育儿的态度。比如，在探视权、教育决策等方面的灵活性、开放性和友好性。

4. 保持冷静和理性。在整个过程中，保持冷静和理性至关重要。避免情绪化的冲突和指责，而是用事实和证据来支持自己的立场。

无论法院的最终决定如何，父母都应该把孩子的最佳利益放在首位。如果可能的话，尝试与先生达成某种形式的共同抚养协议，以确保孩子能够继续得到父母的爱和关怀。同时，也请记得关注自己的情绪和需求，寻求必要的支持和帮助来度过这段艰难的日子。

59

怎么签离婚协议，才能避免被"套路"？

我和老公就离婚一事协商了好久才达成如下协议：房子归他；他支付我一半的折价补偿 125000 元，且在离婚后的一年内付清。考虑到 13 岁的儿子归他抚养，婆婆帮忙照顾孩子也比较辛苦，所以，相对会轻松一点的我就没有特别要求钱现付。离婚协议是他起草打印的。到了婚姻登记处，他拿出离婚协议，我大概看了一眼觉得没什么问题就签字了，并拿到了离婚证。我把离婚协议折上，并且把其和离婚证放在一起，他还很细心地递过来一个文件袋帮我把离婚协议和离婚证收好。之后，我回到娘家暂住。

我盘算着等拿到房款后再买一个小户型房子。不到一个月，我收到了他的转账款 12500 元。我问他怎么只有这么点，他让我看离婚协议，一看我就傻眼了，离婚协议上的金额变成了 12500 元，少了一个"0"，原来是协议被他调包了。我又气又恨，跟他闹，他不在乎。我打了两年官司都没赢。接下来，我考虑申请再审，还有希望吗？

怎么签离婚协议才安全？怎么签才有效？

刘律师：

离婚协议在婚姻登记处被调包，这是男方成心给你挖"坑"，而你自己也确实够粗心大意，没有仔细看就签字，事后不好证明被"欺诈、胁迫"，官司打输了也是必然的。如果没有新的证据，再审、抗诉也没什么希望。

给你一点建议，先把官司放一放，不提不念，和前夫继续友好相处，以孩子为由，经常聚一聚，吃吃饭，聊一聊，让他放松戒备，或许哪一天他自己就"秃噜"出了证据，但你要事先做好准备，录音或录像。只要你有足够的耐心和智慧，还是有翻盘机会的。

关于离婚协议的签订，以下这些问题可以注意下。

民政局有离婚协议的模板，建议到场后现填写，当然基本条款需要事先沟通好，有个草稿，现场填写可以避免被调包的问题。

签离婚协议也没什么秘诀，但一定要说清楚以下三个主要问题：

（1）双方当事人同意离婚的意思表示；

（2）子女抚养，即离婚后孩子归谁抚养以及抚养费的负担与给付方式；

（3）财产及债务处理，包括家中物品、金钱、债务等财产的分割和夫妻共同债务的负担等。

另外，就是关于经济帮助、家务补偿、过错赔偿等也可以写进去。办理离婚登记后，备案于民政局的离婚协议是生效的，经过婚姻登记管理部门登记，即有法律效力，无须公证，但是经过公证的离婚协议书，法律效力更强。

需要注意的是，离婚协议要真实意思表达，不能欺诈、胁迫，所有约定事项一定要想清楚、协商好再写，不要含混不清，不能约定他人的财产，财产交割方式及时间点等都要写清楚，子女的抚养权、抚养费、探望权也要约定清楚。

建议起草离婚协议时咨询专业的婚姻律师，以防后患。

董公子：

所有牵扯到协议的事情都不能马虎，不管对方是亲人还是朋友。尤其是涉及离婚，一旦领了离婚证大家以后就是陌生人，没办法保证对方不会做些手脚。

希望大家通过这个案例能有所警醒，在谈离婚的各方面利益的时候，我们没有必要把对方逼到无处可逃，赶尽杀绝，当然也不能当个"傻白甜"，白白被人算计。该得的得，该舍的舍，不管什么时候都要做个明白人。

60

屡次遭遇家暴提离婚，男方威胁怎么办？

　　我先生是个包工头，没太多文化，但是挺能挣钱的，平时不忙的时候就喜欢喝酒，喝多了就爱撒酒疯。这几年他变本加厉，喝完酒还打人，有时候把我打得鼻青脸肿的，第二天再向我道歉，有时候他还当着孩子的面打我骂我，可怜孩子才3岁，经常被吓得大哭。我实在忍受不了了，想离婚，但是他威胁我说，如果我敢离婚，他饶不了我和我们全家人，有时候还说要杀了我全家。我很害怕，不知道该怎么摆脱。

刘律师：

　　家暴只有零次和无数次，你的亲身经历已经证明。最可怕的是，他当着孩子面家暴，这对孩子的伤害是无法估量的。大量的案例表明，在家暴中成长的孩子容易胆小、懦弱、不自信，也有的会有攻击行为，成为新的暴力继承者。

注意收集被家暴的证据，与妇联、派出所都建立联系，时刻寻求帮助，该报警时要报警，该取证时要取证，家里可以悄悄安装专业的、合法的监控，便于随时取证。遭遇家暴后，不仅要及时报警，也要及时就医，保留相关凭证。

你这种情况很危险，建议考虑起诉离婚，如果担心被报复，可提前把孩子带走，隐藏起来，不让对方发现，同时向法院申请人身安全保护令。人身安全保护令的作用还是很大的，他一旦违反，必将受到法律的制裁。你只要决定了离婚，就没有离不成的婚。

但根据你说的情况，你和孩子及娘家人还是要注意采取更多安全防护措施，随时与妇联、派出所保持联系，以确保自己的安全。另外，可以和辖区的物业、居委会建立联系，还有你周围的邻居，他们都可以在你遭遇伤害时及时帮助你。不用过于焦虑和害怕，用法律和智慧维护自己的权益。

董公子：

对于婚姻中的家暴、赌博、吸毒，我们采取零容忍的对策。不管对方如何解释，理由多么充分，我们都建议坚决离开这个人。选择大于努力，有时候说的就是这些关键的事情。

那些想戒掉赌博的人当时不诚心、不努力吗？并不是，而是这种瘾深入骨髓，特别难戒掉。当然，所有的事情都没有绝对，肯定有一些曾经吸毒、家暴、赌博的人后来变好了，但是，总的来说，我们没有必要为一个小概率事件赌上自己和孩子的一生。

先照顾好自己，再照顾他人。过日子，我们要先保证自己的安全。哪怕这个人今后会变好，那也是他自己的事，他如果能改好，或许还能寻找到他的幸福，我们先要保证自己能够全身而退。

像你现在已经受到威胁，就更要寻求家人、朋友、单位、街道、妇联等各种帮助，安全离婚，远离这个人才是自保之道。

61

离婚后被前夫纠缠、骚扰，该怎么维护自身权益？

现场咨询室

我离婚有半年了，带着5岁的女儿回到娘家居住。前夫一直不死心，仗着开滴滴车，有事没事就在我娘家和我单位附近转悠，经常堵住我要求复婚，还扬言我不能找对象，一旦被他发现，他会弄死我和我娘家人。我好害怕，不知道该怎么办。我娘家距离前夫家才几千米，我能跑到哪里去呢？该怎么保护自己？

刘律师：

你注意收集证据，随身携带录音录像的设备，便于随时取证，家门口也要安装监控。然后你现有的短信、微信这些讯息要保存好，做好截图和备份备用。掌握了一些证据以后，建议你报警，他的行为不仅属于纠缠、骚扰，也是违法侵权行为，应该受到法律相应的制裁。一旦危险升级，你的人身安全得不到保障，可以向当地法院申请人身安全保护令，以确保自己及家人的人身安全不受侵犯。

根据《反家庭暴力法》的规定，前配偶关系也被纳入反家庭暴力法的保护之内，并且《妇女权益保障法》对于恋爱关系纠纷及前配偶纠纷作出了明确规定，当遭到前配偶纠缠、骚扰时，可以向人民法院申请人身安全保护令。必要时你可以寻求当地妇联的援助，也可以寻求居委会、物业的帮助，另外还可以向身边的邻居、同事寻求救助。

家暴只有零次和无数次，面对暴力要说"不"，同时也要注意保护自己，减少被伤害的机会。

《中华人民共和国反家庭暴力法》

第二十三条 当事人因遭受家庭暴力或者面临家庭暴力的现实危险，向人民法院申请人身安全保护令的，人民法院应当受理。

当事人是无民事行为能力人、限制民事行为能力人，或者因受到强制、威吓等原因无法申请人身安全保护令的，其近亲属、公安机关、妇女联合会、居民委员会、村民委员会、救助管理机构可以代为申请。

第三十七条 家庭成员以外共同生活的人之间实施的暴力行为，参照本法规定执行。

婚姻变故

> **《中华人民共和国妇女权益保障法》**
>
> **第二十九条**　禁止以恋爱、交友为由或者在终止恋爱关系、离婚之后，纠缠、骚扰妇女，泄露、传播妇女隐私和个人信息。
>
> 妇女遭受上述侵害或者面临上述侵害现实危险的，可以向人民法院申请人身安全保护令。

董公子：

亲爱的朋友，首先我想对你说，你此刻的恐惧和无助是完全可以理解的。但请相信，你有能力也有办法走出这个困境。

从情感的角度来看，你前夫这样极端和不健康的行为，反映出他无法正确处理失去婚姻的事实，以及无法控制自己的情绪和行为。但这绝不是你的错，你有权利追求自己的幸福和安宁。

第一步，你要坚定自己的立场。复婚绝不应是在恐惧和威胁下作出的决定，而应是基于真爱和相互尊重。你要明确地告诉前夫，你的决定是不可更改的，让他清楚地知道他的纠缠和威胁不会达到他想要的结果。

比如，你可以找一个相对安全的场合，心平气和但态度坚决地和他说："我们的婚姻已经结束了，无论你怎么做，都不可能回到过去，我希望你能尊重我的决定，也尊重你自己。"

第二步，尽量避免单独与他接触。他的出现可能会让你感到害怕和紧张，但越是这样，越不能让他有机会单独和你相处，

把自己活明白

以免情况进一步恶化。如果必须见面，选择公共场所并告知亲友你的行踪。调整日常出行路线和时间，避免被前夫跟踪。考虑选择不同的交通方式或路线，以减少被堵截的风险。

比如，如果他在你单位附近出现，你可以选择让同事陪伴一起离开，或者在单位内等待他离开后再走。

第三步，要确保自己和女儿的人身安全。如果感到直接威胁，立即报警并告知警方具体情况，包括前夫的言行和可能的暴力倾向。考虑安装家庭安全系统，如监控摄像头和紧急报警装置，以增加安全感。

同时扩大自己的支持网络。除了娘家人，还可以向身边的朋友、邻居求助，让他们在你需要的时候提供帮助和支持。你可以如实告诉身边可靠的朋友你的处境，让他们在你遇到前夫纠缠时能陪伴在你身边。参加离婚或家暴支持小组，与其他有类似经历的人交流经验。这不仅可以让你感受到自己不是孤单一人，还能从他们的经验中获得支持和鼓励。

第四步，关注自己的情绪和心理状态。经历这样的事情，心理上肯定会承受很大的压力，必要的时候，可以寻求专业心理咨询师的帮助，让自己有足够的力量去面对这个困境。

第五步，长远考虑的话，如果可能，尽量搬到离前夫更远的地方居住，以减少被骚扰的风险。在搬家前，确保做好充分的准备和规划。

记住，你不是一个人在战斗，有很多人支持你，愿意帮助你，只要你勇敢地迈出每一步，一定能够摆脱前夫的纠缠，重新过上平静幸福的生活。

婚姻变故

62

如何申请人身安全保护令？

我是通过媒人介绍远嫁过来的，婚后才发现他脾气暴躁，动不动就骂人，还爱动手。这些年，我一直在忍受他的语言暴力，稍微反抗一点就会招来一顿拳打脚踢，为了孩子我忍受对方家暴十几年，现在孩子读高中住校，不需要我照顾了，我考虑离婚。可对方威胁我、阻止我离婚，软磨硬泡。我是这么想的，暂时不离婚，等孩子高考后再离婚也可以，关键是，我如何不再遭遇家暴？不离婚也可以申请人身安全保护吗？

刘律师：

长期家暴者改变很难的，既然孩子大了，不需要你照顾了，你可以考虑离婚回娘家，远离是非之地。如果你坚持再等孩子几年，就一定要做好防范措施来保护自己。下面，我来教你人身安全保护令申请和执行的有关流程和内容：

（1）申请

以书面形式向所在地（经常居住地、加害人经常居住地或家庭暴力行为发生地）的人民法院立案庭申请，紧急情况下，可以口头申请。口头申请应当记录在案，并由申请人以签名、摁手印等方式确认。

申请人身安全保护裁定，应当符合下列条件：申请人是受害人；有明确的被申请人姓名、通信住址或单位；有具体的请求和事实、理由；有一定证据表明申请人曾遭受家庭暴力或正面临家庭暴力威胁。

受害人因客观原因无法自行申请的，由受害人近亲属或其他相关组织代为申请。相关组织和国家机关包括受害人所在单位、居（村）委会、庇护所、妇联组织、公安机关或检察机关等。

申请人身安全保护措施的证据，可以是伤照、报警证明、证人证言、社会机构的相关记录或证明、加害人保证书、加害人带有威胁内容的手机短信等。

申请人身安全保护措施的裁定，无须交纳任何费用。

（2）审查和裁定

人民法院收到人身安全保护措施的申请后，应当迅速对申请的形式要件及是否存在家庭暴力危险的证据进行审查。应当在 72 小时内作出是否批准的裁定。

人民法院经审查或听证确信存在家庭暴力危险，如果不采取人身安全保护措施将使受害人的合法权益受到难以弥补的损害的，应当作出人身安全保护裁定。

（3）裁定包含的主要内容

人民法院作出的人身安全保护裁定，可以包括下列内容中的一项或多项：

① 禁止被申请人殴打、威胁申请人或申请人的亲友。

② 禁止被申请人骚扰、跟踪申请人，或者与申请人或者可能受到伤害的未成年子女进行缺乏安全的接触。

③ 人身安全保护裁定生效期间，一方不得擅自处理价值较大的夫妻共同财产。

④ 有必要的并且具备条件的，可以责令被申请人暂时搬出双方共同的住处。

⑤ 禁止被申请人在距离下列场所200米内活动：申请人的住处、学校、工作单位或其他申请人经常出入的场所。

⑥ 必要时，责令被申请人自费接受心理治疗。

⑦ 为保护申请人及其特定亲属人身安全的其他措施。

人身安全保护裁定的附带内容：申请人申请并经审查确有必要的，人身安全保护裁定可以附带解决以下事项：

① 申请人没有稳定的经济来源，或者生活确有困难的，责令被申请人支付申请人在保护裁定生效期间的生活费以及未成年子女抚养费、教育费等。

② 责令被申请人支付申请人因被申请人的暴力行为而接受治疗的支出费用、适当的心理治疗费及其他必要的费用。被申请人的暴力行为造成的财产损失，留待审理后通过判决解决。

人身安全保护裁定的种类和有效期，紧急保护裁定有效期为 15 天，长期保护裁定有效期为 3—6 个月。确有必要并经分管副院长批准的，可以延长至 12 个月。

（4）人身安全保护裁定的生效与执行

人身安全保护裁定自送达之日起生效。

人民法院将人身安全保护裁定抄送辖区公安机关的同时，函告辖区的公安机关保持警觉，履行保护义务。公安机关拒不履行必要的保护义务，造成申请人伤害后果的，受害人可以以公安机关不作为为由提起行政诉讼，追究相关责任。

人民法院应当监督被申请人履行人身安全保护裁定。被申请人在人身安全裁定生效期间，继续骚扰受害人、殴打或者威胁受害人及其亲属、威逼受害人撤诉或放弃正当权益，或有其他拒不履行生效裁定行为的，人民法院可以根据《民事诉讼法》第一百零二条相关规定，视其情节轻重处以罚款、拘留。构成犯罪的，移送公安机关处理或者告知受害人可以提起刑事自诉。

63

什么情况下男方不得提出离婚？

我和老公是自由恋爱，顺利结婚生女，女儿才两岁，我又怀了二宝两个月，老公提出离婚。我听别人说我老公外面有人了，但我并没有证据。家里的房子登记的是我和他的名字，他也卖不了，这一点我不怕，存款20万元在我名下，有辆车在他名下，还有贷款。我原本很自信地认为我们不可能发生婚变，可突然就被提出离婚，而且我还在孕期，老大还那么小，我一下子不知道怎么办了，这孩子我还能继续要吗？我不同意离婚，他去起诉，法院会判我们离婚吗？

刘律师：

你们的感情一直很好，可你老公突然有了新欢，可能正是"上头"期，有点不管不顾的，但建议你还是要冷静应对。

婚姻遇到了危机，有了第三者，也不能轻易放弃，不能缴械投降，而要积极备战，保卫婚姻，保护孩子，开展婚姻保卫战。

现在你还怀着孕，那你就继续孕育孩子，他也不能拿你怎么样。真要对你动粗、家暴什么的，你可以报警、求助妇联，向他单位反映，寻求双方家长的支持等。你在怀孕期，可尽量不去招惹他，以免你和胎儿受到不必要的伤害。

根据法律规定，女性在孕期、哺乳期，男方不得提出离婚。他即便去起诉，也不可能得到法律支持。孩子出生后的一周岁以内，他不能提出离婚；等孩子一周岁以后他起诉，第一次你不同意，法院也不会判你们离婚；他再起诉，要证明分居一年，法院才可能判离婚，你也可以想办法不让他"分居一年"。这么长的时间拖延，可能会让第三者等不及，自己或许就退下阵去，而你老公经历了一两年的折腾，或许也会醒悟，觉得原来的家还不错，老婆孩子也不错，彻底回头是岸也是有可能的。

当然，这一切都是建立在你不愿意离婚的基础上。你想如何做，就有所衡量再做吧！

董公子：

孩子还要不要？这个要看你自己的想法。如果从维系婚姻、夫妻感情的角度来说，才怀孕两个月，对方就坚决提出离婚，那么生了孩子也起不到维系家庭的作用。但是，孩子毕竟是自己的骨肉，如果你对他有感情，也有相应能力可以护孩子周全的话，那么生下孩子也是可以的，毕竟是一个小生命，而且你们有母子之间的缘分。不管大人有什么错误，孩子是无辜的，未来不管有多困难，都不要把对方的错误怪罪到孩子身上。

把自己活明白

64

假离婚变成真离婚，如何维护自己的权益？

我和老公结婚 8 年了，女儿 7 岁，我和老公的工作收入都不错，在双方父母的援助下，车、房也有了，过上了小康生活。我们讨论过生二孩，打算再买一套房子，为避开相关政策，经过研究协商后我们决定"假离婚"，为二孩和二套房做准备。

因为是假离婚，我也就没藏任何心眼，离婚协议写的是房子归他，孩子归我，他给我房款补偿 100 万元，而实际上房价市值接近 300 万元。刚离婚时，我们一切都还好，可随着工作变动，他经常出差，有时候十天半月不回家，我刚开始没在意，可后来发现他外面有人，已经公开同居了。

我闹过、打过都没用，而且他给我写过承诺书，说买完房子就复婚，不会和别人结婚。我该怎么维护自身权益？这套房子我还能住吗？我还可以要房子吗？他万一不给房子，我还能要求他补差价吗？

刘律师：

不管你有什么原因，假离婚在法律上就是真离婚，一旦拿到了离婚证或法院的调解书、生效判决书，夫妻关系就解除了，互相不再有任何制约，不存在扶养、继承的关系。唯一可以联系的纽带可能就是孩子了。

我还处理过一个案子，约定房子给男方，女方放弃补偿款，后来复婚无果，女方打官司维权，一审、二审法院都没能支持她的诉求，因为没有其他协议约定，也没有证据证明男方存在欺诈、胁迫行为，女方只能默默吞下这个苦果。

你看看能不能找机会跟对方聊天，想办法证明当时你们的财产处理是草率的，没有经过认真协商，希望可以重新分割处理。如果你能证明之前的离婚属于假离婚，一方存在欺诈行为，那打官司重新分割财产就有希望了。切记跟对方聊的时候，做好录音准备。

关于承诺复婚，承诺不和他人结婚，这样的约定没有任何约束力，他可以不兑现，而你不能强迫他复婚，也无法通过起诉要求他履行承诺书中的义务。但这个承诺可以成为重新分割财产的证据之一，注意保存好。

董公子：

假离婚变成真离婚，这样的事情，这些年屡见不鲜。所以奉劝大家尽量不要做出这些冒险的行为。你先欺骗了法律，遇到问题法律也没办法保护你。

65

想离婚，但联系不到对方，怎么办？

我和老公当初一时兴起领了结婚证，但从结婚之后就一直没有在一起生活。一开始我们还经常聚在一起过周末，后来感情淡了，这几年两个人就各玩各的，也不怎么联系。今年，我遇到了喜欢的人，想和老公离婚，但是联系他时才发现他电话号码、微信都不用了。联系不上对方，这种情况下该怎么离婚呢？

刘律师：

如果你决定了要离婚，那可以直接起诉离婚，在对方的户籍地法院起诉；如果能够证明有经常居住地（公民离开住所地至起诉时已连续居住一年以上的地方），也可以在对方的经常居住地法院起诉；如果对方出国或查找不到，你可以在自己的居住所在地物业、居委会、派出所等申请开对方离开你居所一年以上的证明，这样你就可以在自己的居住地法院起诉，就很方便诉讼了。

起诉时，应向法院提供对方的联系方式，如果法院最终联系不上他，你可以向法院申请公告送达，公告送达后，不管他看到看不到，法院都会安排开庭，缺席审理并缺席判决。但这种情况，鉴于对方不到庭没参与答辩，法院一般不会判离。如果拿到不予离婚判决一年后，对方还没有出现，你可以二次起诉，按照之前的程序发公告、审理，法院应当会判离婚。

《中华人民共和国民法典》

第一千零七十九条　夫妻一方要求离婚的，可以由有关组织进行调解或者直接向人民法院提起离婚诉讼。

人民法院审理离婚案件，应当进行调解；如果感情确已破裂，调解无效的，应当准予离婚。

有下列情形之一，调解无效的，应当准予离婚：

（一）重婚或者与他人同居；

（二）实施家庭暴力或者虐待、遗弃家庭成员；

（三）有赌博、吸毒等恶习屡教不改；

（四）因感情不和分居满二年；

（五）其他导致夫妻感情破裂的情形。

一方被宣告失踪，另一方提起离婚诉讼的，应当准予离婚。

经人民法院判决不准离婚后，双方又分居满一年，一方再次提起离婚诉讼的，应当准予离婚。

婚姻变故

董公子：

我们一直提倡，对婚姻要慎重且心存敬畏。结婚前要慎重思考，是不是愿意和对方共度余生，有没有充分了解对方这个人，考虑清楚了再作决定。

你们当初就是把婚姻当儿戏，才会出现如今的局面，连对方换了联系方式都不知道，就如同是"不熟的夫妻"。

从情感的角度来说，虽然你们一开始有过短暂的美好时光，但后来感情逐渐淡去，如今你已经有了新的感情方向，这是你内心真实的渴望。在联系不到对方的情况下，不要过于焦虑和着急。这也许是命运给你的一个考验，让你有更多的时间去整理自己的情感和思绪。

你可以试着通过共同的朋友或者亲戚去打听他的消息。或许他们能提供一些线索，帮助你找到他。如果通过这些途径还是无法联系到他，那么你可以考虑在一些他可能会看到的地方留下信息，比如你们曾经共同熟悉的社交平台或者场所。但要注意表达方式，不要过于激烈或者指责，而是诚恳地表达你的想法和愿望。

另外，这段时间也是你自我成长和反思的好时机。想一想在这段婚姻中，自己的收获和不足，为未来的生活做好准备。

不管过程和结果如何，都要相信这是命运最好的安排，只要你积极地去解决问题，一定会迎来属于自己的幸福。

66

离婚时，可以主张家务补偿金吗？

我结婚10年了，有两个孩子，老大是女孩，9岁了，老二是男孩，才1岁多，我生完老大后一边工作一边带孩子，我的工作时间相对比较灵活，但生完老二以后，我就离职了。因照顾两个孩子，我有点力不从心，只能放弃工作，这也是当初老公一再鼓励的，他说他收入高，养我们仨没问题。

可最近半年我感觉老公对我和孩子跟以前不一样了，女人的直觉很灵敏，他一定是有了新欢。经过调查我确认了事实。尽管第三者没有逼着我老公和我离婚，但我不愿意忍受这种"三人行"的婚姻。我经过慎重考虑决定起诉离婚，两个孩子我都想要，让他承担抚养费，我要争取房子和财产利益最大化。目前，房子贷款已经还清，登记的是我们两人的名字，车登记的是他的名字，家里有存款约80万元。俩孩子和房子能归我吗？我可以主张家务补偿金吗？

刘律师：

按照你目前的处境，离婚不见得是最佳选择。孩子还小，第二个孩子才 1 岁多，你还需要带两年才可以把孩子送到幼儿园，才有机会继续工作。离婚后你自己带两个孩子，若没有帮手，会很累的，两个孩子的接送就是个大问题，这些事你要考虑周到后再作决定。如果你的父母可以帮忙，就可以分担你的部分压力。

你现在起诉离婚确实有优势，可能会赢得两个孩子的抚养权，孩子们一直是你照顾，大的到了可以选择跟谁的年龄，可以发表意见，小的不到两周岁，按照法律规定也可以归你抚养。

如果你拿到了两个孩子的抚养权，而且住房是唯一的话，那可能也会判归你，但你需要给对方对应的一半房屋补偿款。你可以凭男方过错这一点在分割财产时多主张份额，法律也规定在离婚分割财产时要照顾子女、女方及无过错方的权益，你占全了，财产分割总体会倾斜于你。

关于家务补偿金，你当然可以主张，不管你是否有工作，只要你对家庭、对孩子付出较多，离婚时就可以主张家务补偿金。具体金额你可以参照男方收入和你的付出先提出一个诉求，法院会根据具体情况作出合理的判决。

另外，不要忘了向男方主张过错的精神赔偿金，可以按照他年收入一年的数额去主张。当然，具体的赔偿金额，还要综合考虑各种现实因素及参考法院的判例，提出比较合理的诉求。

董公子：

我觉得《民法典》规定的"家务补偿金"就是在法律上认可了家务劳动是具有经济价值的。再也不要认为做家务就是没什么事儿干，或者是"我养你"的优厚待遇。

全职照顾家庭的一方，不仅要操持各种家务琐事，洗衣做饭、打扫卫生，还要关注孩子的教育、成长，照顾家人的饮食起居。这些看似平常的工作，实则会耗费人大量的时间和精力。

而且，长期的家务劳动可能会让全职一方与社会脱节，失去职业发展的机会。当婚姻出现问题时，他们往往处于弱势地位。

"家务补偿金"的规定，是对全职照顾家庭者付出的一种尊重和补偿，让那些为家庭默默奉献的人，在面临婚姻破裂时，能够得到应有的经济保障。

这一规定也提醒了每个家庭，要正视家务劳动的价值，不能轻视或忽视全职照顾家庭一方的贡献。同时，对于夫妻双方来说，在婚姻存续期间，也应当相互理解，尊重彼此在家庭中的付出。

你完全可以申请家务补偿金，这是对你的付出的回报和认可。

婚姻变故

67

协议离婚好，还是诉讼离婚好？

我和老公多年来一直吵吵闹闹，感情不和，但为了孩子都忍着，很痛苦！如今女儿准备去国外读书，我们双方考虑离婚。我们对财产争议不大，房子属于婚后财产，还有一点儿贷款我负责还，一点儿债务他负责还，另外还有一辆车和部分存款。我是协议离婚好，还是诉讼离婚好呢？

刘律师：

离婚有两条途径：一是去民政局协议离婚，二是去法院起诉离婚。协议离婚需要双方没有任何争议，但凡有一点争议就只能选择起诉离婚。

即便是双方对财产、子女抚养问题无争议，但在有贷款、债务的情况下，还是建议去法院起诉离婚更妥当。因为夫妻离婚以后，再也没有法律上的身份关系了，可涉及贷款、还贷、过户、债务纠纷这些问题还是互相牵扯，一方不配合就会带来麻烦，到时候还是要通过起诉方式处理，那还不如通过诉讼离婚去厘清，也免得还存在债务纠纷。

如果两人有孩子而且还有一定的信任，选择协议离婚更好。因为协议离婚有商有量，双方保留了基本的底线，不伤和气，财产交割也可以协助配合，商量关于孩子的任何事都可以平静协商处理，这样对孩子来说是最有益处的。总的来说，协议离婚也是最佳的离婚方式。

董公子：

各家有各家的情况，没有哪个更好，只有哪个更适合。协议离婚，首要条件是双方相互信任，而且情绪稳定，可以好好沟通。两个人之间能够商量好，当然是最好不过了。但是也有一些家庭不一样，比如家庭财产成分非常复杂，牵扯到公司债务或股份，就需要寻求律师或其他专业人士的帮助。还有一些情况是一方恶意隐藏或转移财产，另一方没有办法掌握家庭财产的情况，或者是孩子的抚养权实在没有办法商量等，就需要通过诉讼来解决。

婚姻变故

68

签订离婚协议后，我后悔了，怎么办?

　　和老公谈离婚的时候，他叽叽歪歪的特别不痛快，房子、孩子、抚养费，个个计较，我实在烦了，便说随便他弄。在这种情况下，他拟定了离婚协议，我签字了。当时，我俩去婚姻登记处的时候，登记处人员也跟我说，如果不是自己情愿的话，可以回去再想清楚，可能人家都替我觉得亏。

　　当时，我说没事，就这样吧。可是现在一年多过去了，我觉得太便宜他了。尤其是我带着孩子，生活有些紧张，看着他那么逍遥自在的，有点气不过。我反悔，还来得及吗?

刘律师:

婚姻不是儿戏，离婚更不是儿戏，签署离婚协议一定要慎重!

把自己活明白

协议离婚后重新分割财产只有几种情况：

（1）反悔财产分割的内容。在这种情况下，人民法院审理后，发现在签订财产分割协议时没有存在欺诈、胁迫等情况的，应当依法驳回当事人的诉讼请求。

（2）离婚后，发现对方隐瞒、转移、出售、破坏、挥霍夫妻共同财产，或者伪造夫妻共同债务企图侵占其财产。

（3）发现财产遗漏。

如果离婚协议是在民政局签署的，当时有工作人员在场，有问询笔录，你只要属于自愿离婚并自愿签署离婚协议，这协议便在离婚时生效了。

想推翻离婚协议，就要证明签署离婚协议时存在欺诈或胁迫的行为。看你的陈述，对方并不存在欺诈、胁迫等情形，是你自己置气不冷静，自愿签的，这种情况不属于欺诈、胁迫情形。

离婚协议签署一年多了，如果无法提供对方欺诈、胁迫的证据，就不能通过起诉达到诉讼目的，想要的财产也要不回来。

可以试着与对方好好协商，或许对方念在过去的夫妻情分以及你抚养孩子的情况上给你一定的补偿。目前，最好的方式也只能是协商处理。

根据《最高人民法院关于适用〈中华人民共和国民法典〉婚姻家庭编的解释（一）》第七十条的规定，夫妻双方协议离婚后就财产分割问题反悔，请求撤销财产分割协议的，人民法院应当受理。人民法院审理后，未发现订立财产分割协议时存在欺诈、胁迫等情形的，应当依法驳回当事人的诉讼请求。

其他相关规定还可见《民法典》第一百四十八条、第一百五十条、第一百八十八条。

《中华人民共和国民法典》

第一百四十八条 一方以欺诈手段，使对方在违背真实意思的情况下实施的民事法律行为，受欺诈方有权请求人民法院或者仲裁机构予以撤销。

第一百五十条 一方或者第三人以胁迫手段，使对方在违背真实意思的情况下实施的民事法律行为，受胁迫方有权请求人民法院或者仲裁机构予以撤销。

第一百八十八条 向人民法院请求保护民事权利的诉讼时效期间为三年。法律另有规定的，依照其规定。

诉讼时效期间自权利人知道或者应当知道权利受到损害以及义务人之日起计算。法律另有规定的，依照其规定。但是，自权利受到损害之日起超过二十年的，人民法院不予保护，有特殊情况的，人民法院可以根据权利人的申请决定延长。

69

离婚时，应该如何处理对"问题孩子"的抚养权？

我和丈夫结婚十几年，感情早就淡了。这几年，因为他在外边有情况，所以他每次回来，我们都争吵不断，最近我们正在闹离婚。不知道是不是因为这个问题，儿子得了重度双相情感障碍。医生说孩子未来需要休学治疗，也需要监护人花费很多时间、精力和金钱。这种情况下，孩子的抚养权和抚养费会怎么判？

刘律师：

孩子有重大疾病，离婚时需要双方协商好抚养权归属，如果谁都不想要孩子的抚养权，法院一般不会判离婚，即使起诉第二次法院也不会判。所以，你们还是本着对孩子负责的态度认真协商为宜，不管抚养权归谁，另一方也是孩子的监护人和抚养义务人，不能免除其法定抚养和监护义务。

关于离婚抚养权问题常见的处理方式如下：

（1）两周岁以下的子女，一般随母方生活，母方有下列情形之一的，可随父方生活：

① 患有久治不愈的传染性疾病或其他严重疾病，子女不宜与其共同生活的；

② 有抚养条件不尽抚养义务，而父方要求子女随其生活的；

③ 因其他原因，子女确无法随母方生活的。

（2）父母双方协议两周岁以下子女随父方生活，并对子女健康成长无不利影响的，可予准许。

（3）对两周岁以上未成年的子女，父方和母方均要求随其生活，一方有下列情形之一的，可予优先考虑：

① 已做绝育手术或因其他原因丧失生育能力的；

② 子女随其生活，对子女成长有利，而另一方患有久治不愈的传染性疾病或其他严重疾病，或者有其他不利于子女身心健康的情形，不宜与子女共同生活的。

《中华人民共和国民法典》

第一千零八十四条 父母与子女间的关系，不因父母离婚而消除。离婚后，子女无论由父或者母直接抚养，仍是父母双方的子女。

离婚后，父母对于子女仍有抚养、教育、保护的权利和义务。

离婚后，不满两周岁的子女，以由母亲直接抚养为原则。已满两周岁的子女，父母双方对抚养问题协议不成的，由人民法院根据双方的具体情况，按照最有利于未成年子女的原则判决。子女已满八周岁的，应当尊重其真实意愿。

第一千零八十五条 离婚后，子女由一方直接抚养的，另一方应当负担部分或者全部抚养费。负担费用的多少和期限的长短，由双方协议；协议不成的，由人民法院判决。

前款规定的协议或者判决，不妨碍子女在必要时向父母任何一方提出超过协议或者判决原定数额的合理要求。

第一千零八十六条 离婚后，不直接抚养子女的父或者母，有探望子女的权利，另一方有协助的义务。

行使探望权利的方式、时间由当事人协议；协议不成的，由人民法院判决。

父或者母探望子女，不利于子女身心健康的，由人民法院依法中止探望；中止的事由消失后，应当恢复探望。

婚姻变故

董公子：

　　抚养费的问题听刘律师的，我就说一些我的感受和建议。为人父母，一定要承担起自己应该承担的责任。目前孩子这个状况，你们两个或多或少都有责任，过去的事不再追究，但是未来一定要做好补救工作。

　　当务之急是给孩子看病，双相情感障碍的治疗需要花费大量的时间、金钱和精力，爸爸妈妈都不应该推脱，虽然闹离婚，但是孩子永远是自己的亲骨肉，父母都应该为他好而尽全力。

　　至于抚养权，不管是哪种原因的离婚，我都建议父母双方不要放弃孩子，也不要为了赌气或利益，更不要因为传宗接代或三代独苗这种理由而去争，请以孩子的幸福为唯一出发点。孩子跟着谁更习惯，跟着谁更快乐，就让孩子跟着谁。不管什么样的理由，离婚不是切断血缘关系，甭管跟谁，他都是这家的孙子或外孙。

　　孩子不是父母的某种物品或是私有财产，请以感情度之。

70

离婚后，可以变更子女的抚养权或主张抚养费吗？

我和老公离婚已经两年了，当时因为他开公司，而我是全职，没有工作，所以法院把孩子抚养权判给了他，我也没有争取。因为他忙公司的事儿，总把孩子一个人留在家里，再加上当时孩子才上小学三年级，之前一直没离开过我，经常哭着给我打电话。学校老师也总反映说孩子状态不好，我就把孩子接到了我身边。

刚开始的三四个月，前夫还每个月打给我 2000 元生活费，后来他就电话不接，人也消失了。现在孩子在我这儿生活两年了，虽然离婚时分的钱足够我们生活，但是我觉得该付的抚养费他还是应该付的。我可以向法院起诉变更孩子的抚养权或主张抚养费吗？

刘律师：

你可以收集一下证据，只要能够证明孩子实际上随你生活的几个月里，你把孩子照顾得很好，对方确实没有履行父亲应承担的责任，而且孩子表示愿意跟你生活，那么你起诉变更抚养权是可以获得法院支持的；同时可以请求对方支付抚养费，旧账、新账一起算，一起主张，法院会依法保护你和孩子的合法权益。

董公子：

要了孩子的抚养权，却不好好陪伴照顾孩子，这种情况挺让人痛心的。有些父母生了孩子却远远没有达到做父母的标准。还好妈妈发现问题并及时接回了孩子，要不然孩子的内心不知还要受到多大的伤害。抚养人变化，生活习惯变化，从没离开过人到没人管，时间长了孩子心理肯定会出现问题。可以考虑变更抚养权，争取抚养费。不管能不能成功，照顾好孩子都是第一位的。

71

离婚不离家，还住在一起，怎么解决因此产生的各种问题？

我和前夫因性格不合，两年前就离婚了，婚后住房和孩子都归了我，我需要给他经济补偿 30 万元。可因为钱一直不到位，他也就一直住在家里。为了隐瞒孩子，我们还和正常夫妻一样，离婚不离家，一切照常。

前几天我例假一直没来，我以为怀孕了呢，还好是虚惊一场。但是这让我不得不想到，如果以这种方式一直生活下去的话，会不会今后在经济上或者一些其他问题上有什么麻烦？要是再有了孩子该怎么办？

刘律师：

离婚不离家的情况确实有，大部分是基于有孩子，不想让孩子过早知道父母离异，营造一种善意的假象。

婚姻变故

237

离婚后继续住在一起，观念一定要转换，他再也不是丈夫，你再也不是妻子，你们的关系，得不到法律的保护，仅仅是同居关系，你们只不过是孩子的父母而已。既然是同居关系，互相就不要有期待，你们没有财产关系，也不再存在扶养、继承等关系。

同居期间的财产属于按份共有，任何一方主张财产权益都要证明出资、贡献及份额，若有协议可按照协议履行。

你们的房子还有未结事宜，应该签署一份协议，什么时候结清房款？他住下去要不要交房租？生活费如何分摊？

同居期间若怀孕生子，男方对女方没有法定的扶养扶助义务，但子女出生后，男方则必须承担对子女的抚养义务。若一方不履行对子女的抚养义务，抚养子女一方可以起诉维权。

董公子：

人都是有惯性的，感情也不例外。为什么有些人特别容易又和前任牵扯上，是因为人们见到曾经亲密的关系总有些拎不清，以为对方还对自己有牵挂。其实一旦领了离婚证，法律关系就没有了，亲密关系或许还有，但切记不要混沌不清。

往回看，既然和这个人离婚，你们应该是觉得有完全不可调解的矛盾，离婚后暂时相安无事，只不过是因为这个人和你没关系了，而不是这个人改变了。往前看，这样一个人如果作为一个陌生异性出现在你面前，你会选择他吗？可能不会。

　　所以，离婚后为何还要长期住在一起呢？如果不是想着要复婚，建议就不要耗在一起，免得耽误自己寻找所希望的幸福。

72

离婚后，发现男方在婚姻中隐匿、转移财产和出轨，我能起诉吗？

我和前夫是协议离婚的，离婚协议约定 12 岁的女儿归我抚养，一套房子归我，一套房子归他，车子归他，存款 30 万元归我，此外无其他财产及债务。

离婚半年后，我前夫就再婚了，对方还带着一个男孩。听邻居说，男孩长得很像我前夫，最后经过确认，孩子就是他亲生的，已经 3 岁了。

他离婚的借口是生意亏了，为了躲债和保护财产，说是为我和孩子好。后来我发现他给"小三"买了大房子和豪车，还在离婚前隐匿了数百万元的财产。我们已经协议离婚，可我当时不知道这些情况，还能起诉维权吗？

刘律师：

可以起诉，但这至少涉及三个诉讼：第一个是起诉过错赔偿，虽然是在离婚后发现的，但你有权利起诉要求男方支付精神损害赔偿金；第二个是返还之诉，在婚姻关系存续期间，男方用夫妻共同财产给第三者买房买车，是违背公序良俗的赠与，属于无效赠与，应该判全部返还；第三个是离婚后财产纠纷，要求男方就转移的财产部分给你多分，如你可以按照转移财产的 70% 主张。

以上这些诉讼都需要具备确凿的证据，也需要具备一定的诉讼常识才可以把控整个程序，建议聘请专业的律师办理，以确保财产利益最大化。起诉的时候，该向法院申请调查就及时申请，该财产保全就及时保全，以避免对方继续转移财产，造成你新的损失和诉累。

法律规定见《民法典》第八条、第一千零九十二条及《最高人民法院关于适用〈中华人民共和国民法典〉婚姻家庭编的解释（一）》第八十四条、第八十九条。

> **《中华人民共和国民法典》**
>
> **第八条** 民事主体从事民事活动，不得违反法律，不得违背公序良俗。
>
> **第一千零九十二条** 夫妻一方隐藏、转移、变卖、毁损、挥霍夫妻共同财产，或者伪造夫妻共同债务企

图侵占另一方财产的，在离婚分割夫妻共同财产时，对该方可以少分或者不分。离婚后，另一方发现有上述行为的，可以向人民法院提起诉讼，请求再次分割夫妻共同财产。

《最高人民法院关于适用〈中华人民共和国民法典〉婚姻家庭编的解释（一）》

第八十四条 当事人依据民法典第一千零九十二条的规定向人民法院提起诉讼，请求再次分割夫妻共同财产的诉讼时效期间为三年，从当事人发现之日起计算。

第八十九条 当事人在婚姻登记机关办理离婚登记手续后，以民法典第一千零九十一条规定为由向人民法院提出损害赔偿请求的，人民法院应当受理。但当事人在协议离婚时已经明确表示放弃该项请求的，人民法院不予支持。

73

老公在离婚诉讼期间把房子卖了，我该怎么办？

我和老公感情不和，闹了好几年要协议离婚，他一直不同意。现在女儿读大一了，也支持我离婚，我就起诉了。可是在法庭审理处理财产时，他拿出房本说房子卖给了别人，我拿到房本一看，原来买家是他的表哥，而且房价远远低于市场价格。我们离婚的事亲戚都知晓，他表哥还帮着调解过，这不明显属于转移财产吗？我该如何维权？另外，家里还有存款 50 万元和一辆车，车是在男方名下，我们都有驾照，这些财产该怎么处理？

刘律师：

男方在离婚诉讼期间卖房，属于恶意转移财产，离婚分割财产时应该少分或不分。

案涉房产已经过户，只能在离婚后另案处理。他们是表亲关系，属于利害关系人，且房价远远低于市场价格，你可以主张该买卖行为无效，房子就回归到夫妻共有状态。然后你再主张房子归你，给对方少分或不分。现实中这样的案子，通常会按照三七分，过错方分 30% 的份额。

　　还有一个解决方法，就是可以在离婚诉讼时一并调解处理。大概评估一下那套房子你可以得到多少，就用婚内其他财产折抵，不足部分让男方补足，这样也避免了诉累。

　　为了避免男方继续转移财产，造成你维权麻烦，你可以尽快启动房屋买卖无效的诉讼，及时进行财产保全，以确保财产利益不受损失。

　　《中华人民共和国民法典》

　　第一千零九十二条　夫妻一方隐藏、转移、变卖、毁损、挥霍夫妻共同财产，或者伪造夫妻共同债务企图侵占另一方财产的，在离婚分割夫妻共同财产时，对该方可以少分或者不分。离婚后，另一方发现有上述行为的，可以向人民法院提起诉讼，请求再次分割夫妻共同财产。

把自己活明白

74

离婚协议约定房产更名，对方不配合，怎么办？

我和前夫婚内有两套房产，一套在市区，另一套在郊区。离婚的时候我们约定好市区这套归我，郊区那套和所有的存款归他。之前房子、车子都在他名下，所以要把市区的这套房改成我的名字。可是现在离婚一年多了，每次我说去更名，他都找各种各样的理由拖延。他一直不配合的话，我有什么办法吗？

刘律师：

如果对方对离婚协议书约定的内容不履行，属违约行为，你可以向法院起诉，要求对方履行离婚协议书的义务。如果法院判决后对方仍不履行，可以申请法院强制执行，法院可以向房屋管理部门送达协助执行通知书，这样就可以办理过户了。

协议离婚，如果遇到离婚后一方当事人不配合办理房屋过

婚姻变故

245

户手续的情况，房屋过户就比较麻烦，因为仅凭离婚证和离婚协议书，尚不足以证明对方房产过户的真实意思，房屋管理部门无法审查协议的真实性。

在此提醒其他当事人，为了防止离婚后一方不配合的情况出现，可以在办理离婚时，到公证机关办理离婚协议书公证，以证明离婚协议书的真实性，这样房屋管理部门就会对离婚协议书予以认可，将房产过户。

离婚后，对方不配合过户，建议尽快去起诉。

董公子：

离婚协议若是双方自愿签署的，互相应该遵守约定并履行自己的义务，一旦违反会受到相应的法律惩罚。希望每个人都具备并坚守契约精神。

75

离婚时约定了居住权，婚后男方拒绝女方住，该怎么办?

我和前夫离婚的时候，我分到了一套外地的房子，但是在离婚协议中也约定了，本地的房子我还可以居住，因为孩子上学要接送。但是，前几天我们在家里又大吵起来，前夫就把我的东西和行李都扔出来了，锁上门不让我进。我去宾馆住了一天，第二天晚上回来发现他已经把锁换了，不让我住。我该怎么办呢?

刘律师:

既然双方在离婚协议中约定了居住权，你就有权利继续居住，况且你也是为了照顾孩子方便。对方的行为属于违约行为，对此，你可以通过起诉来确定你的居住权。居住权自登记时设立，拿到居住权的判决以后，可以去不动产登记中心登记备案，以免对方卖房，导致你和孩子无法实现居住权。

如果拿到了判决，对方还是不履行义务，你可以凭生效判决申请法院强制执行。

居住权已在《民法典》中有明确的法律规定，居住权人有权按照合同约定，对他人的住宅享有占有、使用的权利。设立居住权应当采用书面的形式。设立居住权的，应当向登记机构申请居住权登记。居住权不得转让、继承。设立居住权的住宅不得出租。

《中华人民共和国民法典》

第三百六十六条 居住权人有权按照合同约定，对他人的住宅享有占有、使用的用益物权，以满足生活居住的需要。

第三百六十七条 设立居住权，当事人应当采用书面形式订立居住权合同。

居住权合同一般包括下列条款：

（一）当事人的姓名或者名称和住所；

（二）住宅的位置；

（三）居住的条件和要求；

（四）居住权期限；

（五）解决争议的方法。

第三百六十八条　居住权无偿设立，但是当事人另有约定的除外。设立居住权的，应当向登记机构申请居住权登记。居住权自登记时设立。

第三百六十九条　居住权不得转让、继承。设立居住权的住宅不得出租，但是当事人另有约定的除外。

第三百七十条　居住权期限届满或者居住权人死亡的，居住权消灭。居住权消灭的，应当及时办理注销登记。

第三百七十一条　以遗嘱方式设立居住权的，参照适用本章的有关规定。

董公子：

你前夫的做法其实很幼稚，换锁完全是一时赌气的行为，如果你也像他一样，撬了锁住进去，就会像小孩子过家家，没个完，也无视法律。

如果你们商量好了本地的房子你有居住权，也写在了协议里，只要写了，就可以要求执行。法律的事情还是通过法律手段解决更稳妥。

同时，你也要注意收集前夫将你的东西扔出去并换锁不让你居住的证据，例如拍照、录像，或者找邻居作为证人等。

在等待法律程序的过程中，尽量保持冷静和理智，避免与前夫发生进一步的激烈冲突，以免对你和孩子造成更大的伤害。

从你前夫的做法来看，他还不够成熟，情绪也不稳定，需要等对方平静下来，才能够更好地交流和沟通。

总之，通过合法的途径来解决这个问题，既能保障你的权益，也能避免麻烦和纠纷。

76

该如何处理离婚诉讼中的各种房子问题?

　　我和老公准备离婚,我是初婚,他是二婚,我们双方涉及的房产问题比较复杂。

　　我自己有套小房子,父母出资付了首付,还在还贷;我们的婚房是合资买的,双方父母出资一部分,男方家出得多,说当作彩礼了,其余部分是以男方名义贷的款;我们婚后在他父母宅基地建了一套房;另外就是男方的爷爷是军人,通过继承他拿到了军产房。我们结婚7年,没有子女,请问这些财产怎么处理?

刘律师:

　　你婚前首付的房子应该归你,但婚后还贷及还贷对应的增值部分应该给对方一定的补偿。

　　婚房如果是婚前买的,父母为双方购置房屋出资的,该出资应当认定为对自己子女的赠与，但父母明确表示赠与双方的除外；如果婚房是婚后购买，父母为双方购置房屋出资的，依照约定处理，没有约定或约定不明确的，按照赠与双方处理。

关于农村建房，离婚时协商不成只能另案起诉分家析产。

关于军产房，应该征求产权单位的意见。如果是央产房，也是如此。

> **《最高人民法院关于适用〈中华人民共和国民法典〉婚姻家庭编的解释（一）》**
>
> **第二十九条**　当事人结婚前，父母为双方购置房屋出资的，该出资应当认定为对自己子女个人的赠与，但父母明确表示赠与双方的除外。
>
> 当事人结婚后，父母为双方购置房屋出资的，依照约定处理；没有约定或者约定不明确的，按照民法典第一千零六十二条第一款第四项规定的原则处理。
>
> **第七十八条**　夫妻一方婚前签订不动产买卖合同，以个人财产支付首付款并在银行贷款，婚后用夫妻共同财产还贷，不动产登记于首付款支付方名下的，离婚时该不动产由双方协议处理。
>
> 依前款规定不能达成协议的，人民法院可以判决该不动产归登记一方，尚未归还的贷款为不动产登记

一方的个人债务。双方婚后共同还贷支付的款项及其相对应财产增值部分，离婚时应根据民法典第一千零八十七条第一款规定的原则，由不动产登记一方对另一方进行补偿。

77

如何分割离婚中涉及的公司权益及其他财产?

我和我老公准备离婚，对房产、车子、存款的分割基本达成协议，子女抚养权也没有纷争，剩下的就是公司财产问题。他在一家公司任股东，有出资，我有一个个人名义的独资小企业，这些财产应该如何处理？

刘律师：

先说男方的股东问题。法院审理离婚案件，涉及分割夫妻共同财产中以一方名义在有限责任公司的出资额，另一方不是该公司股东的，按以下情形分别处理：

（1）夫妻双方协商一致将出资额部分或者全部转让给该股东的配偶，其他股东过半数同意，并且其他股东均明确表示放弃优先购买权的，该股东的配偶可以成为该公司股东。

（2）夫妻双方就出资额转让份额和转让价格等事项协商一

致后，其他股东半数以上不同意转让，但愿意以同等条件购买该出资额的，人民法院可以对转让出资所得财产进行分割。其他股东半数以上不同意转让，也不愿意以同等条件购买该出资额的，视为其同意转让，该股东的配偶可以成为该公司股东。

用于证明前款规定的股东同意的证据，可以是股东会议材料，也可以是当事人通过其他合法途径取得的股东的书面声明材料。

再说女方的独资企业问题。

夫妻以一方名义投资设立个人独资企业的，人民法院分割夫妻在该个人独资企业中的共同财产时，应当按照以下情形分别处理：

（1）一方主张经营该企业的，对企业资产进行评估后，由取得企业资产所有权一方给予另一方相应的补偿；

（2）双方均主张经营该企业的，在双方竞价基础上，由取得企业资产所有权的一方给予另一方相应的补偿；

（3）双方均不愿意经营该企业的，按照《个人独资企业法》等有关规定办理。

法律规定见《最高人民法院关于适用〈中华人民共和国民法典〉婚姻家庭编的解释（一）》第七十三条、第七十五条，如果涉及合伙企业问题见该司法解释第七十四条的规定。

《最高人民法院关于适用〈中华人民共和国民法典〉婚姻家庭编的解释（一）》

第七十三条 人民法院审理离婚案件，涉及分割夫妻共同财产中以一方名义在有限责任公司的出资额，另一方不是该公司股东的，按以下情形分别处理：

（一）夫妻双方协商一致将出资额部分或者全部转让给该股东的配偶，其他股东过半数同意，并且其他股东均明确表示放弃优先购买权的，该股东的配偶可以成为该公司股东；

（二）夫妻双方就出资额转让份额和转让价格等事项协商一致后，其他股东半数以上不同意转让，但愿意以同等条件购买该出资额的，人民法院可以对转让出资所得财产进行分割。其他股东半数以上不同意转让，也不愿意以同等条件购买该出资额的，视为其同意转让，该股东的配偶可以成为该公司股东。

用于证明前款规定的股东同意的证据，可以是股东会议材料，也可以是当事人通过其他合法途径取得的股东的书面声明材料。

第七十四条 人民法院审理离婚案件，涉及分割夫妻共同财产中以一方名义在合伙企业中的出资，另一方不是该企业合伙人的，当夫妻双方协商一致，将其合伙企业中的财产份额全部或者部分转让给对方时，按以下情形分别处理：

（一）其他合伙人一致同意的，该配偶依法取得合伙人地位；

（二）其他合伙人不同意转让，在同等条件下行使优先购买权的，可以对转让所得的财产进行分割；

（三）其他合伙人不同意转让，也不行使优先购买权，但同意该合伙人退伙或者削减部分财产份额的，可以对结算后的财产进行分割；

（四）其他合伙人既不同意转让，也不行使优先购买权，又不同意该合伙人退伙或者削减部分财产份额的，视为全体合伙人同意转让，该配偶依法取得合伙人地位。

第七十五条 夫妻以一方名义投资设立个人独资企业的，人民法院分割夫妻在该个人独资企业中的共同财产时，应当按照以下情形分别处理：

（一）一方主张经营该企业的，对企业资产进行评估后，由取得企业资产所有权一方给予另一方相应的补偿；

（二）双方均主张经营该企业的，在双方竞价基础上，由取得企业资产所有权的一方给予另一方相应的补偿；

（三）双方均不愿意经营该企业的，按照《中华人民共和国个人独资企业法》等有关规定办理。

中年危机

不畏将来，不念过往，
活在当下，活出精彩

06

78

四五十岁选择离婚，还会有幸福生活吗？

我和先生结婚之后就长期分居，感情早就淡了，现在孩子上大学了，我想出去玩一玩，看一看。其实我内心想离婚，但是又有点担心：这个岁数离婚会不会招来闲言碎语，会不会到老了孤苦伶仃？对离婚既渴望又恐惧，我该怎么办？

董公子：

想为自己活，过好自己的人生，什么时候都不晚。只要你是一个内心坚定的人，通过努力，一个人也可以过得很好。孤苦伶仃这种事，并不是在婚姻内就可以避免的，和长期分居、不相爱的人生活在一起，其实也是一种痛苦和消耗。

就像两个人在一起也可能会觉得很寂寞，一个人待着也可以内心富足，还要看你的精神内核是什么样的。

中年危机

261

有的人说，女人四五十岁，人生的精彩才刚刚开始，这个时候你有经济实力，有一定阅历，孩子大了也有"闲"，有更多时间和能力去做自己喜欢的事。所以不要恐慌，人生还在继续，只要你笃定且积极，一切皆有可能。

刘律师：

谁说四五十岁就不能离婚了呢？法律上没有对离婚的年龄作任何限制。我认为，四五十岁时经过深思熟虑、权衡利弊作出离婚决定的人，是有责任感也是勇敢的人。

这个年龄段的人决定离婚，一般都是隐忍了多年，可能是为了孩子，为了父母，或是其他因素，被迫放下自我，慢慢煎熬。我的一些当事人跟我说，在一段错误的婚姻里就像在受刑，就看给你判几年了，短的三五年，长的十几年甚至二三十年，想一想也挺残忍的。

上野千鹤子说过一句话："对于女性来说，有选项是一件很重要的事情。"我觉得这句话特别好，送给所有的女性朋友，希望你们在任何时候都能拥有选择权。当然了，自由的选择权来自自己的实力，有了实力，也就有了底气。

即便你四五十岁了，照样可以重新开始，恋爱、再婚、投资、创业都可以，只要你怀着美好的梦想，拥有积极的心态，就能拥抱机会，要相信：一切皆有可能，一切都不晚。

把自己活明白

79

夫妻长期分居，对方冷暴力，我要忍下去吗？

我们夫妻因为工作，30岁之后就一直分居，一开始还相互说说近况，分居多年后，基本上就不交流了，和陌生人差不多。有时候家里有一些事情需要商量，我找他，他也很冷漠，说"你自己拿主意，别问我"。有时候我会因不满而崩溃，冲他发火，他就会冷暴力，很长时间不接电话，不回微信，也不回家。这样的婚姻我还要忍下去吗？

董公子：

其实你内心已经有答案了，只不过是想找人确定一下。结婚的意义，很重要的一点就是两个人相互帮扶。像你现在这个所谓的"婚姻"，只是一个人在支撑。对方没有提供情绪价值，没有时间陪伴，也没有日常生活事务上的帮助，和你一个人过没有任何区别。而且，你还有个婚姻的枷锁，遇到想关心你的异性，不能大大方方地接受。

别犹豫了，建议和对方好好谈谈，放开彼此，各有广阔天地。

刘律师：

在法律上，因感情不和分居两年就是感情破裂的依据，这就达到判离婚的法定条件了。而你们分居多年，已经如同陌生人，维系婚姻还有什么意义呢？而且在婚姻关系存续期间，夫妻之间对债务是互相承担连带责任的，你离婚能够分到财产还好说，万一分担一笔债务怎么办？另外，夫妻之间互相有法定继承权，一旦哪一方突然离世，对方便是第一顺序法定继承人，依法可以继承其遗产。

如果分居多年，无和好可能，就办理离婚手续，若对方不同意，你可以起诉离婚。法律规定人有离婚的权利，没有离不掉的婚。

如果你们都不想离婚和再婚，但互相也不想有财产债务瓜葛，可以写一份分居协议，把财产、遗产等问题及权利义务都约定清楚，以免日后产生纠纷。

80

我已经 40 多岁了，还能拥有爱情吗？

　　我 35 岁离婚，今年 44 岁，孩子已经上高中了。我的身材、长相都比较年轻，性格开朗，心态好，所以追我的人也不少，年龄段相差也很大，有二十多岁的小伙子，也有五六十岁的中老年人。我现在就是不确定，我这个年纪的女人还带着孩子，适合谈恋爱吗？男人对我是真心喜欢，还是逢场作戏呢？

董公子：

　　我特别喜欢一句话：不管什么年纪，遇见爱情时，我们都是新手。其实爱情从来和年龄无关，关键在于你的心态。

　　你所说的担忧我大概能够理解，现在有些人确实是"吃着碗里的，看着锅里的"，遇见优秀女性有占便宜和逢场作戏的心理。但是一个人对你用不用心，你自己是能够感受到的。他

中年危机

是把一些零星的时间用来消遣你，还是愿意把注意力、时间和钱都花在你身上，这些你最清楚。

我觉得像你这样四十多岁，有身材，有颜值，又豁达和淡定的熟龄女人，其实是有魅力的。你说有二十多岁的小伙子追你，在现在的社会也很正常。

你有相应阅历，也懂得识人，但遇到感情可能有时候还是会"蒙圈"，那就用一个方法去衡量：有时间却没钱的小伙子愿意为你花钱，有钱没时间的大叔愿意为你花时间，能这样去做往往表示有诚意。

大胆点，勇敢享受爱情的美好，只要多留心，别被骗钱，别被对方影响正常的生活节奏，其他的都不是大事。

刘律师：

任何时候都不要放弃寻爱的机会，大胆地去体验吧，对方是不是逢场作戏，相信你从相处的过程中自然会判断出来。

确定一个人是否真心，不要看表面的一些东西，也不能听他说什么甜言蜜语，而要通过相处了解他的一切，并观察他的每一个细节。

不要轻易与对方有任何经济关系，不要他的钱，也不要给对方钱，借钱、投资这些事都不要碰，他找任何借口用你的钱，你都不要答应，一旦提及，你就应该马上警觉，要懂得辨别。

现实中常有被男人骗钱的一些案例，对此女人们一定要擦亮眼睛。

81

离婚后再找对象，要不要领证？

　　我 40 岁那年离婚，现在十几年过去了，又找到一个心仪的对象。他是大学教师，整个人形象、气质、谈吐都不错，我退休前是一个公司的财务主管。我们两个不仅条件相当，兴趣爱好方面也挺匹配的。最近，我们在讨论一个事儿，就是要不要领证结婚，我觉得就跟现在谈恋爱一样，也挺不错。老师对此有什么建议吗？

董公子：

　　中年之后遇到心仪的对象还要不要再结婚，其实看两个人对感情和彼此有什么样的期待。有的人觉得，特别爱一个人的时候，只有用婚姻才能表达自己的诚意，"我嫁给你吧"或者"我娶你吧"，这是表达爱情至高无上的一种方式。

　　但有些人觉得，我们也不准备要孩子了，或者双方各自有儿女，还有财产问题，那大家就这样没有任何负担地生活在一起，该吃吃，该交往就交往，也是一种很松弛、很舒服的交往方式。

所以，结不结婚要看两个人能不能达成一致，只要预期是一样的就可以。其实，有时候日子过得好不好，跟形式没有关系。当然了，婚姻是对我们的情感、时间等的付出，最有保障的一种形式。很多人在相爱的时候并不觉得，但如果十几年之后感情淡了，不知道会不会遗憾当时没有领证结婚。

所以，听从内心，随心随愿吧。

刘律师：

不领证就属于同居关系，你们不管生活多久，互相也不存在夫妻之间的权利和义务，互相没有扶养扶助的义务，没有继承权，不能因为"过错"要求离婚赔偿，不能追究对方出轨、重婚的责任。

结婚证，既是一种约束，也是一种法律的保障。你们是否需要，要看你们双方是否能够达成共识。

如果担心彼此的子女及财产纠纷，可以在领证前做一个书面约定，也可以在同居状态下签署协议，约定互相的权利义务。

如果仅仅考虑轻松搭伴儿或生活在一起，也不必拘泥于形式，只要互相信任，自由松弛的关系也挺好。

82

中年了，我还能找工作吗？

孩子上小学之后，我就一直在家里，当全职妈妈12年。今年孩子考上大学了，我不用再照顾孩子，在家里觉得特别无聊。我也想找个班上，要不然才四十多岁就荒废在家，挺没意思的。可是我有点儿胆怯，这个年纪了，我还能找工作吗？我老公不同意，怎么办？

董公子：

很多事情没有能不能，只有想不想，敢不敢，所以不要自己吓自己。

你才四十多岁，虽然说职场有一些年龄歧视，但是你也有你的优势，就是孩子大了没有家庭负担。不是所有的岗位都要求那么高的，你可以适当降低对工作和薪资的期望。所以，你也不是全无优势。

另外，我知道很多全职妈妈因为孩子生病或者离婚，重返职场的事情，虽然开始会有点难，但是这是个适应的过程，很快就过去了。她们有的在图书馆、电影院工作，有的在医院做导医。反正你的目的是找个工作让自己充实起来，并不是挣多少钱，这么一想就轻松很多，选择也很多。

刘律师：

四五十岁也可以找工作，都还没到退休的年龄呢。而说到退休，我就没有退休的概念，只要身体允许，我就会一直从事自己的职业，并且享受工作带来的各种体验和乐趣。

看到一些赋闲居家的人，整天慵懒地待在家里，不用穿职业装了，也不用化妆了，不用挤车上班了，看起来是完全松弛的状态，但一段时间以后，他们都有一个共同的体会：腻歪。

只要精力许可，就必须有事儿干，不能无所事事，任时光流逝。你可以发掘自己的兴趣爱好，去为此投入想从事的工作。人只有处在工作状态，才会充满希望，才会有活力，也才有奔头。

四五十岁出去工作也不晚，很多工作可挑选，大胆地去尝试吧，或自己开个小店创业也可以。国内外有一些七八十岁的老年人还在工作，还在开店，他们并不缺钱，却不肯闲，因为他们能够在工作中找到存在的意义和价值。

如果你老公不同意，你可以拿出法律规定给他看，必要的时候，妇联、居委会、司法所这些机构都可以帮助协调，为你撑腰。只要你真心想出去工作，就一定能走出去，你所顾虑的那些都不是事儿。

《中华人民共和国妇女权益保障法》

第四十一条 国家保障妇女享有与男子平等的劳动权利和社会保障权利。

《中华人民共和国民法典》

第一千零五十七条 夫妻双方都有参加生产、工作、学习和社会活动的自由，一方不得对另一方加以限制或者干涉。

83

当一个好婆婆或好丈母娘，要注意什么？

我今年50多岁，儿女双全，眼看着儿子和闺女都要成家了。我目前有两种心态：面对儿子要成家，我觉得儿媳应该贤惠一点，多干活，孝顺我们，照顾好儿子；但是看见闺女要出嫁，就希望她到婆家后少干活，被公公、婆婆当女儿一样对待。

所以，有的时候我很矛盾，我这样的心理是不是不太对呀？怎样才能当一个好婆婆和好丈母娘呢？

董公子：

您这样的"双标"心理其实也能够理解。比如，做完晚饭，看到自己一手抚养大的闺女回来了可能会说："哎呀，工作了一天，好辛苦，快躺着等着吃饭吧。"看到儿媳妇回来，就撇嘴说："回来就吃现成的，真是享福的命。"同样一件事，同一时间发生，因为面对的人感情深度不一样，就可能有不同的心理。

但是有这样的心理，不妨碍我们做一个好婆婆、好丈母娘。我认为，不管是婆婆还是丈母娘，都不应该过于介入子女的婚姻，更不要横加干涉，守好自己的本分才是正事儿。其实，最简单的方法就是，对方需要的时候，我们帮忙；对方不需要的时候，我们离得远点儿。有时候长辈伸手太长，越指手画脚，越容易造成矛盾。清闲少事且在必要阶段提供恰当支持的家长最受欢迎。

年轻人有年轻人的过法，他们愿意把家里收拾整齐，就会收拾，愿意家里乱糟糟但过得舒服，就让他们舒服。像您说的，希望儿媳多干活儿，照顾好您儿子，可能您亲家想的正相反呢，所以其实他们小两口儿怎么过，他们自己会看着来。不来找您，您就乐得清静享清福多好。

希望婆婆们、丈母娘们多注意，保持好边界感，不过多介入子女的生活，并努力去过好自己的日子。

刘律师：

父母对已婚子女干涉过多真不见得是好事，大量的婚姻纠纷便源于这种做法。父母与子女的配偶一旦发生纠纷，不容易化解，很多时候就会影响到子女的婚姻。

婆婆其实没必要拿儿媳当女儿看待，同理，女婿也是，不用当成儿子看。互相之间保持尊重，保持一定的距离是最好的。

不过，对女儿和儿媳完全"双标"也是不对的，女儿可以惯着、宠着，儿媳不可以，久而久之不利于家庭间的和睦。

子女结婚以后，父母应该完美转身，退到二线，不要总盯着他们的婚姻大小事，过好自己的余生就好。

他们生孩子、养孩子主要是他们的事，作为父母也只能给一定的建议和力所能及的帮助，但不是法定义务。要说完全不管不问也不太现实，在能力允许的情况下出点力、出点资金没问题，但建议不要大包大揽，别让自己负担过重。

即便你们不给子女带娃，不给子女提供经济援助，子女对你们也有法定的赡养义务。

84

父母必须帮子女带孩子吗？

我今年刚 53 岁，内退没多久，想趁这个机会和朋友们多出去旅游玩一玩。没想到女儿说她怀孕了，再过半年让我帮她带孩子。

我听了之后，心里不是很情愿，现在正是我年轻能够四处走走的时间，如果带孩子，10 年过去，我可能就没有现在的精神头儿和力气了，该怎么跟女儿说呢？可以不帮她带孩子吗？

董公子：

你的人生由你来做主。你现在五十多岁了，人生的后半程已经开始，可以多考虑为自己而活。对于自己的子女，我们大部分父母已经操劳和付出很多了，为自己活也无可厚非，你不是必须一辈子都选择去付出。

我见过有一些比较潇洒的父母，选择不帮子女带娃，而是给了一些金钱的资助，让孩子雇保姆，或者是只在必要的阶段和节假日的时候搭把手。你可以选择在子女确实需要时帮帮忙，然后和子女商量，给自己也留下些时间。

　　你的想法挺好的，可以多出去看看，开阔眼界，不让自己的老年生活那么快就局限在家庭里，放在帮子女带孩子上。不过，还是要做好子女的工作，不要因此而产生埋怨或隔阂。

刘律师：

　　对子女完全不管不问也不太现实，但大包大揽可能会把自己"套牢"，而再也没有自由可选。（外）孙子（女）上幼儿园、小学、中学，都需要接送，如果再有二孩、三孩，不停地接着管，就没完没了。直到有一天，你年纪也大了，身体也不行了，再也没有精力了。

　　时代在变化，观念也在更新，既要与时俱进也要兼顾传统。你可以和女儿好好交流，跟她讨论下权利义务及边界问题，所有问题摊开讲，你能做到什么、不想做什么，都和她聊聊。我想，只要你们沟通顺畅，她也会尊重并理解父母。在确有必要时帮扶可以，看怎么帮，建议量力而行，适可而止，留更多的空间让子女们去承担责任和成长。

85

退休后，我和先生相看两厌，怎么办？

　　我和先生结婚之后，工作一直都挺忙的，两个人各自忙事业，周末一起带孩子做家务，也没觉得婚姻生活有什么问题。但是，这几年我们两个相继退休，整天都呆在家里，互相看不惯，反而开始了争吵。比如，他起得特别晚，起来就看手机，蓬头垢面的也不收拾。他觉得，我在家里走路说话声音都太大，影响他休息。现在两个人互相看不顺眼，以后可怎么办？

董公子：

　　中老年夫妻退休后，有更多的时间相处了，其实和新婚夫妻的相互磨合是一样的，都有一个过程。之前，两人白天都忙于工作，晚上相处时间相对有限，现在突然变为 24 小时高密度共处，有了更多的争执，也可以理解。

从某种程度上来说，中老年夫妻可能比新婚夫妻更难磨合。第一是没有了新婚时候那种互相探索的好奇感；第二是随着年龄增长，个人边界感增强，更难容忍和迁就别人；第三就是彼此之间不再那么相互尊敬，会更容易将挑剔的话说出口，所以这其实对彼此都是一个挑战。

其实和谁 24 小时在一起都难免生厌，所以一开始可以先试着减少相处的时间，比如约朋友出去玩、去图书馆看书，不要两个人整天在家面面相觑。

还有就是，不要把所有角色都让伴侣来承担，伴侣只要能够跟你在大事上互相分担、在三观上一致就可以了。像一起追剧、畅谈人生，口味一样，兴趣爱好一致，这些不必在同一个人身上实现，可以找不同的朋友来做你的知己、吃友、玩友，生活越充实，越没精力琢磨对方。

刘律师：

夫妻关系恶化都是从小矛盾开始的，小矛盾积累多了，就会导致矛盾激化，造成感情破裂，甚至可能让婚姻到了无法修复的地步，而那个时候，也就到了离婚的边缘。维系夫妻关系靠的是情感，是责任，而不是靠法律去强制。

任何一种关系，天天 24 小时无缝衔接，都会厌倦。

趁着和对方没有吵到不可开交的地步，赶紧做出调整。可以与对方深入交流彼此的感受，若能达成共识，共同想改善就更好。如果对方不肯改变，那就从改变自己开始。

减少相处的时间，就要从家里走出去，或发展兴趣爱好，或重新投入一份工作，退休后返聘返岗或新应聘的人很多，你可以根据自己的情况来个私人订制。

积极的工作状态会给自己带来好心情，重新投入社会也会让自己找回自信，会让自己充满愉悦感，这些或许会影响到对方，从而可以带动他行动起来。

我们常看到有新闻报道：一些老年人退休后还在坚持工作，这些老年人大部分并不缺钱，他们工作的目的就是找到个人的存在感和价值感，让自己的生活丰富起来。

人一闲下来就容易生事儿，一旦忙起来是非往往就少了。

中年危机

86

中年了，我打扮得年轻时尚，合适吗？

我今年 46 岁，在大学当老师，因为一直保持着健身和读书的习惯，所以我的形象、气质都不错，看起来也就 35 岁左右。我很喜欢打扮，买的衣服也比较时尚，学生们都很喜欢我，但是学校里的老师总在背后议论我，说我的打扮不符合年龄。

但是，我中年了，就没有权利打扮自己了吗？就不可以按照自己的心意来穿衣服，一定要穿得很老成吗？

董公子：

对于年龄，人们有不同的看法，有的人认为年龄就是生理性的，什么年龄就干什么年龄的事，年龄大了就应该保守、沉稳一些，行为、着装都是如此。但也有人认为年龄还和心理有关，心态好的人完全可以活得年轻。

我觉得你目前状态非常好，你的心态也非常年轻，这是一件多么棒的事。想怎么穿就怎么穿，只要是不影响教师形象的着装，你都可以随心。生活中，我们怎样都可能会受别人指指点点，不用太在意。

刘律师：

人不仅完全属于自己，同时也属于一个社会，一言一行一貌都会被人关注。

穿衣戴帽还真不是完全属于个人的事，你在家穿什么或不穿衣服，别人看不见，你也没有任何压力，但只要出家门就必须注意形象，起码做到着装干净整洁，身上无异味。若能做到让人眼前一亮，赏心悦目，那你就是一个受欢迎的人。

穿衣戴帽各有所好，喜欢就好。奇装异服不一定适合大众，对于大部分人来说穿出自己的特点才是最舒服的状态。不必在意自己的年龄，不必拘泥于传统习惯，把自己打扮得年轻时尚一些完全可以，适合自己的就是最好的。

87

发现孩子早恋，怎么办？

孩子今年 16 岁，刚上高一。军训的时候他就说过，觉得班里有个同学长得挺好看的，一个学期过去了，我发现，他现在晚上回家之后微信聊天越来越频繁，总抱着手机傻乐。

我怀疑这孩子八成是早恋了，他现在读高中，学业还很紧张，早恋肯定是不行的，我该怎么对他旁敲侧击呢？

董公子：

其实，校园恋爱有美好的一面，你主要确保孩子别做出什么出格的事情，可以适度正面去引导他，别的不用太干涉。

孩子到了这个年纪，不会什么事情都跟家长说，有个知心的人说说话、互相关心，也挺好的。其实，有时候我觉得早恋并不一定影响学习，甚至因为有个欣赏自己的人，对学习可能会有促进。当然，你可以密切关注孩子的学习状况和动态，提醒他要为自己的未来坚持努力学习。

所以你大可以观察一下，早恋也不一定就是坏事，或许你的孩子会因此而变得更好，更爱学习，更注重个人卫生、形象气质，更注重身材管理、言谈举止，比你想方设法去全面指导和教育还管用。

刘律师：

我们都是成年人，也都经历过青春年少，十六七岁正是青春萌动的年纪，对异性产生好感并不奇怪，互相爱慕其实也很正常。我读初中、高中的时候，都有喜欢的男生，也就是互相送小礼物，放学后一起骑车走一段而已，甚至都没有牵过手，那时候所谓的爱情就那么纯粹。现在回想起来觉得很好笑，也很值得回味。

不必过于担忧，也不必强行劝分。你可能担心早恋影响学习，但强行打压拆散也可能会影响他们的情绪，使他们产生强烈的逆反心理，反而影响学习，还有可能出现其他不可控的事情。

十几岁的孩子谈恋爱，往往就是互相喜欢而已，一般不会出什么大格，可不必过于担忧。建议家长可以密切关注情况，找到恰当时机及时进行正向引导，告诉孩子需要注意的事项，在这个阶段哪些是不能做的。要是男孩子，必须对其严厉警告，不能做伤害女生的事，目前还未到承担家庭责任的年龄；而对于女孩子，父母则要告知必须注意安全，学会好好保护自己，给她讲清楚女生的生理特点及利弊关系等。

老年权益

人生，
一半清醒，一半释然

07

88

儿子要我把房子过户给他，该给吗？

我今年75岁，一个人住，老伴早就去世了，儿子结婚了，也有了孩子和自己的房子。最近，儿子一直劝我把房子过户给他，说他搬过来跟我一起住，方便照顾我，他的房子出租贴补家用。我有点动摇了，但是我的朋友们都劝我不要这么快把房子过户给儿子。我觉得孩子提出来了，如果拒绝他好像有些伤感情，不知道怎么办才好。

董公子：

人们总说想过幸福的人生，那么什么是幸福呢？就是对自己的生活有掌控力。有可以说"是"的权利，也有可以说"不是"的权利。所以，我觉得把房子留在自己手中其实更合适，有留给儿子的可能，也有不留给儿子的可能。

一旦把房子过户出去，就等于把主动变成被动。当然，我们不看轻亲情的力量，但是不可否认，它也不是百分百靠得住的。我们都听说过有些子女不赡养老人的事情，也听说过房子过户后，子女把老人赶出家门的事情。人生总是不缺乏离奇的剧情。所以，我建议还是把决定权放在自己手上，会更加安心。

刘律师：

如果这个房子属于您的夫妻共同财产，那么在您老伴去世后便发生了法定继承，如果没有其他继承人，这房子您儿子有25%的份额。您可以给他加名，去公证处先办理继承人公证，再去房屋登记部门办理加名手续。如果您老伴留有遗嘱，就按照遗嘱执行，比如他（她）的份额全部给儿子，那房子就有儿子50%的份额。如果遗嘱说房子留给您，则房子目前只属于您。

如果房子有儿子的份额，他要求加名字是他的权利，如果房子属于您个人所有，您可以自行决定是否加名或过户，一旦房子过户，您对该房便失去了所有的权利。

如果您决定将房子过户给儿子，记得一定要写上保证您的居住权，这个协议必须去房屋登记部门办理备案手续。

另外，您还要考虑和儿子一家一起住是否方便和习惯的问题。您目前的年龄还不算高龄，如身体硬朗，自己居住生活可能更方便。

当然，我的建议也是，能不过户尽量不过户，财产握在自己手里更踏实。

89

子女不想赡养我，我该怎么维权？

我今年 80 多岁了，有一个儿子和一个女儿。刚退休那些年，我的退休金足够自己生活。因为他们工作忙又有孩子，只是偶尔来看看我，我一个人生活也挺好。现在我岁数大了，需要雇个保姆，每月保姆的开支加上生活费就不够了。我就想让子女接济我一些，但是他们两个互相推脱，谁都不愿意出这个钱，也没有想照顾我的意思。这该怎么办呢？

刘律师：

成年子女不履行赡养义务的，缺乏劳动能力或生活困难的父母，有要求成年子女给付赡养费的权利。子女赡养父母是法定义务，不能以任何理由和借口逃避这个义务。

您已经 80 多岁的高龄，一个人生活多有不便，子女本应该主动协商轮流照顾或协商您的养老方式，现在竟然推三阻四，实在令人心寒。

您可以找居委会、社区反映这件事，让相关部门帮您协调，联系您的子女，看看能否达成赡养协议。您还可以找司法局的法律援助中心、机构的公益律师帮您维护合法权益。协商不成就起诉到法院，要求子女履行赡养义务，若子女不履行，可申请法院强制执行。

《中华人民共和国民法典》

第一千零六十七条 父母不履行抚养义务的，未成年子女或者不能独立生活的成年子女，有要求父母给付抚养费的权利。

成年子女不履行赡养义务的，缺乏劳动能力或者生活困难的父母，有要求成年子女给付赡养费的权利。

董公子：

亲爱的老人家，您的遭遇真的让人难过。儿女双全，却没有得到很好的照护，这确实让做父母的很心寒。

其实，子女对您的赡养是他们应尽的责任和义务，这不是您在求他们帮忙，而是他们必须做的。

或许孩子们如今有工作、家庭、孩子需要照料，在忙碌的生活中忽略了您的需求和感受。您可以找一个机会和他们一起谈谈，或者把他们单独约出来，心平气和地跟他们聊聊您的难处和内心的感受。让他们知道，您年纪大了，身体也不如从前了，现在真的需要他们的支持，更需要子女的爱和关心。

您也可以跟他们回忆一些过去的美好时光，讲讲您为他们付出的辛苦，让他们明白您的养育之恩。

当然，我也给您提个醒，在多子女家庭，有时也会因为父母曾经的偏心或者一碗水端不平，子女内心有怨怼，认为自己受了委屈而不愿意出钱出力，或者觉得兄弟姐妹应该出的比自己多，暗自较劲儿。

不知道您家里有没有这样的情况，比如在经济上或者养育上，更多地支持了某个孩子？如果有，请您用真诚来化解孩子内心的委屈。

不管怎样，您都要保持积极的心态，不要因为子女的行为而过度伤心和失望。您也可以向社区或者居委会寻求帮助，让他们帮忙调解家庭矛盾。

要相信，大多数子女内心是对父母抱有爱和尊重的，只是可能在现实的压力和忙碌中迷失了方向。只要您坚持表达自己的需求，并且用爱去感化他们，一定会得到孩子们的回应。

90

财产若要留给子女，如何立遗嘱更安全？

我和老伴都快 80 岁了，有一套房子价值 300 万元，还有一些存款大约 100 万元。我们就一个女儿，她结婚多年了，孩子在读高中，目前看家庭还算和睦。但我们有点隐隐地担心：因为女婿的工作比较好，职位较高，收入不错，人长得也挺帅，这万一以后婚姻有什么变故，我女儿怎么办？我们要保证女儿的利益，财产留给她，怎么立遗嘱更安全？

刘律师：

你们的担心也不是没有道理，如果想要更多地保障女儿的权益，提前做好财产规划很有必要，以防万一。

你们可以分别立遗嘱，把财产留给自己的女儿，注明与其配偶及他人无关，只归女儿个人所有。遗嘱可以采取公证的方式，也可以去遗嘱库里立打印遗嘱。以上两种立遗嘱的方式比较安全。

如果你们立遗嘱把财产留给自己的女儿，也不用担心女婿知道了会有想法，立遗嘱不必声张，不用他人参与，也不用提前告诉自己的女儿，这样就不会影响到他们的感情。

董公子：

亲爱的老人家，您和老伴都快 80 岁了，还在为女儿考虑和筹谋，这份心是非常令人感动的。

您想将女儿的利益写明确，是为了在未来可能出现的不确定情况中，给予女儿一份保障和安心。

一种比较安全的方式是找专业的律师来帮助起草遗嘱。律师能够根据您的具体情况和需求，制定出合法、有效的遗嘱文本，确保遗嘱的形式和内容都符合法律规定，避免可能出现的纠纷。

您也可以选择进行公证遗嘱。公证机构会对遗嘱的真实性、合法性进行审查和证明，这样的遗嘱具有较高的法律效力。

在做遗嘱的过程中，建议您把对女儿的爱和关心写进去，让她明白这不仅是一份财产的分配，更是父母深深的牵挂和爱护。比如您可以写："亲爱的女儿，爸爸妈妈希望这份遗嘱能成为你未来生活的一份支持和依靠，无论发生什么，我们的爱永远陪伴着你。"

另外，在立完遗嘱后，您可以找一个时机，把这个决定告诉女儿，表达这并不是对女婿的不信任，而是作为父母对女儿的一份未雨绸缪的关爱。

相信您的这份用心和关爱，会为女儿的未来增添一份温暖和保障。

91

老伴去世后，该不该投奔子女养老？

我之前和老伴儿一起住在市区，生活比较方便。子女住在郊区的大房子里，每个周末过来看看我们。但是，去年老伴儿去世了，我现在一个人住，子女也不能经常过来。所以，孩子们在商量让我搬到他们那儿去养老，但我担心突然生活在一起，双方都不适应，怎么办？

董公子：

双方生活在一个屋檐下，一定会有一些不适应。从环境方面来说，您就不太适应，郊区生活没有市区便利，离医院也远一些。但是郊区的好处是空气新鲜、环境优美、房子舒适。

和子女住得近的好处，是能够互相照应，要不您一个人在家他们会很担心。住在一起，您也能够帮着照看孩子，享受天伦之乐。

但是像您说的，突然生活在一起，可能双方都有一些不适应，毕竟之前那些年各自都生活惯了。所以也有一种可能，就是在他们居住的小区内或者附近租一套小一点的房子，把您的那套租出去。这样既相互照应，又能有独立空间。

刘律师：

目前，我国绝大多数的老年人以居家养老为主。子女对父母具有法定的赡养义务，包括精神赡养。独居老人需要照顾，而子女距离较远，照顾起来确实不方便。给您的建议是考虑在子女家暂住，若是互相都住得习惯，可以长住。另外，也可以考虑把城里的房子租出去，在子女家附近租个房居住，离得近方便照顾，又不过多打扰。您若不愿意与子女同住，就不妨直接说清楚，如条件许可，可以请一个住家或兼职保姆，照顾自己的饮食起居，这样比较自由一些。

另外，需要提醒的是，独居老人要注意防骗，财产情况和对外社交等信息要让子女知悉，或让子女托管财产，避免上当受骗。

> 《中华人民共和国老年人权益保障法》
> **第十三条** 老年人养老以居家为基础，家庭成员应当尊重、关心和照料老年人。
> **第十四条第一款** 赡养人应当履行对老年人经济

上供养、生活上照料和精神上慰藉的义务，照顾老年人的特殊需要。

第十五条 赡养人应当使患病的老年人及时得到治疗和护理；对经济困难的老年人，应当提供医疗费用。

对生活不能自理的老年人，赡养人应当承担照料责任；不能亲自照料的，可以按照老年人的意愿委托他人或者养老机构等照料。

第十六条 赡养人应当妥善安排老年人的住房，不得强迫老年人居住或者迁居条件低劣的房屋。

老年人自有的或者承租的住房，子女或者其他亲属不得侵占，不得擅自改变产权关系或者租赁关系。

老年人自有的住房，赡养人有维修的义务。

92

再婚遭到子女强烈反对，怎么办？

我今年 62 岁，孩子 29 岁，正准备结婚。恰巧我也遇见了一个很心仪的老伴，我们两个在三观和精神方面非常契合，也想携手度过下半生。本来我想孩子也成家了，我也有伴儿多好，没想到孩子坚决反对，说如果我再婚，就和我断绝关系，不让我参加他的婚礼了，这该怎么办？

董公子：

随着时代的进步，老年人再婚已经是一件普通的事情了，不再像过去那样被人非议、受到子女阻挠。但是，因为经济和情感等因素，仍然有一些子女对父母再婚不能接受。

我见过有一些老人，明明有了心仪的老伴，但是因为子女强烈反对而不得不分开。我常常在想，子女给父母的爱，就算再多，再周到，也比不上老伴儿能给的那种精神支持和滋养。

每个人都需要长期稳定的精神和心理寄托，爱情是其他任何感情都代替不了的，子女最多只能在生活上嘘寒问暖，但是父母的所思所想、忧虑和恐惧，恐怕跟伴侣才更适合沟通。所以，真心奉劝各位子女，如果爱自己的父母，就祝他们找到幸福。

您这个情况，我是非常支持您再婚的，找到一个三观和精神各方面都契合的老伴儿是多么难得！我们人生的每一个阶段都应该注重生活质量，有一个好的伴侣，能够经常进行舒畅的对话，会大大提高人生质量，觉得每天都充满幸福和希望。至于孩子说的狠话，我觉得您可以态度坚决一些，或者他是否担忧一些权益问题，也可以和他说清楚。他所说的不让您参加他的婚礼，那他自己不是也很尴尬吗？所以很多事情都是"双刃剑"，您不必担心他单方面断绝关系，到时候他生了孩子可能还得求助于您。

刘律师：

现实中，老年人再婚大多会遭到子女的反对。子女们反对，更多的是担心自己家的财产安全问题，担心自己以后的财产被别人分走。

法律规定婚恋自由，不过法律是法律，人情是人情，我们也不能完全不顾子女的反对去强行结婚。建议您冷静、理智处理。

您先放慢自己结婚的步伐，去打消孩子的顾虑，先把孩子的婚事办完后再说。

等孩子结婚以后，他有了自己的事和幸福生活，可能就会体会到您的孤独和寂寞，或许就可以理解您，接受您的再婚诉求。

如果孩子还是不接受您再婚，说明您的孩子比较自私，不体恤您，那就不必太顾虑他的感受和阻挠。既然您和对方感情特别好，建议好好珍惜，该结婚就去结婚，自己要把握住这来之不易的幸福。

老年人再婚是个人自由，也是法律赋予的权利，作为子女不能横加干涉。如果遭到了子女强行阻止，可以向妇联、居委会、司法所、派出所及新闻媒体等寻求帮助，还可以通过起诉解决，比如子女隐藏了证件、控制了财产、控制了人身自由等，这些都可以通过法律途径来维权。

《中华人民共和国老年人权益保障法》

第二十一条 老年人的婚姻自由受法律保护。子女或者其他亲属不得干涉老年人离婚、再婚及婚后的生活。

赡养人的赡养义务不因老年人的婚姻关系变化而消除。

93

再婚老伴要求房子加名，孩子们不同意，怎么办？

我退休之后再婚了，和后老伴儿一起生活了 10 年。今年他提出来，我们年纪都大了，很多事情该考虑了，想在房产证上加上他的名字，保障他的权益。我们这么多年了，其实彼此也是有信任的。但是，孩子们听了坚决不同意。怎么办呢？

董公子：

一边是亲情，一边是爱情，这是很多再婚家庭遇到的难题。其实解决问题，无非就是看对方提出要求背后的深层诉求是什么。后老伴儿想加上名字，是担心如果你有什么意外，孩子会把他赶出去无家可归吗？还是说他觉得生活在一起这么久，你的房子有一半是他应得的权益？这个其实可以深入探讨一下。

至于子女呢，大抵会认为你的房子原本百分百是他们的，一旦加上别人的名字，他们的财产会缩水，当然不同意。子女的想法可以理解，但是决定权在你。

我不清楚你的后老伴有没有子女，之前有没有房产。如果说两项都没有，他只是想要居住权的话，那么可以和你的子女签协议，允许他在世时一直住下去。至于房产证上加名字，可能牵扯到的利益确实很多，不是那么容易商量的事情，需要你慎重思考，或者用其他方式来平衡解决。

刘律师：

如果您和前任是离异的，财产处理清楚，房子属于您个人，孩子们并没有权利干预。如果您的前老伴儿已去逝，无遗嘱，则该房屋不只属于您个人所有，子女有继承份额，您无权私自处分。

再婚家庭可能会因为财产、遗产闹纠纷，大家不妨早一点把财产问题摊开来说清楚。对方有没有自己的子女和房产，提出这个想法是担心以后没地儿住？您可以与老伴儿及孩子协商好，看看是否给他设立居住权。如果您走在他之前，没留遗嘱，对于您的房子，他是有继承权的，这一点您对孩子必须说明白。

若对方只是担心居住问题，我建议您和孩子协商写一份遗嘱，保证他的居住权，房子给孩子继承。这样其实对您的孩子比较有利，也能保障对方的生活基本权益。

94

找个老伴一起生活，可以写个同居协议吗？

我今年 60 多岁了，爱人已经去世，除刮风下雨外，我几乎每天都会在黄昏老年广场跳舞，有一个固定的舞伴。我们认识好多年了，最近商量准备搬到一起生活，周围的老伙伴儿都挺为我们高兴的，但是也有人提醒我，住在一起各种事情很多，经济上、子女关系上都要谈妥，建议我们签个协议。要是签协议的话，我应该注意些什么呢？

董公子：

黄昏恋其实挺美好的，尤其像你们这种有共同的爱好，能够玩到一起的，那就更加开心。但是真正生活在一起，肯定会有这样或那样的问题，因为毕竟之前大家只在一块娱乐，真正生活在一起之后，家务、生活习惯、消费习惯等方面，可能都

老年权益

303

有需要磨合的地方。尤其是老年人退休之后，经济收入水平可能不一样，是各花各的，还是拿出一部分来一起花？各自的子女是一起照应，还是自己招呼自己家的？这些可能得商量着来，至于具体在法律方面需要防范什么，请刘律师来回答。

刘律师：

任何年龄段的恋爱都是美好的，包括黄昏恋。

这个年龄段的人走到一起不太容易，顾虑会很多，如子女的干预、财产的纠纷、双方家人关系的相处，等等，会有一大堆问题。

如果双方仅仅是搭伴生活，可以不领结婚证，这样也就免去了日后不必要的财产纠纷。但是，同居关系并不受婚姻法律的保护，有配偶时与他人同居则为法律所禁止，且目前也没有调整其他情况下同居关系的法律。因此，对于此种特殊情况下的同居关系，双方可以考虑签署一份协议，约定彼此的权利和义务。

关于同居协议，建议请专业律师帮助起草，更规范。双方可以明确同居期间生活费的承担方式，约定双方子女来访的次数，约定互相是否需要在对方就医生病时照看对方？同居期间收获的财产如何分割？住谁的房子？出游费谁承担？继承权的问题，应该通过遗嘱方式另外拟定。所有能想到的问题都可以落实到书面协议上。如果一时想不到的，日后还可以签署补充协议。

95

和已婚子女要不要有边界感？

孩子长大之后，自己买了一套房，就在我们小区里。我退休之后，生活闲了下来，也不放心孩子自己生活，就想去帮他收拾收拾房间。但是他挺不乐意的，说我把他东西都弄乱了，找不着了，让我别去管他。还有一次，我去了他家后发现他正和朋友光膀子喝酒看球呢，我就走了。现在大家都说要有边界感，自己家人也要注意吗？

董公子：

边界感这个词我觉得特别好，非常值得讨论。其实我们和其他人在一起都要有边界感。人际边界本质上是一种规则，是一种适用于人际交往中的规则，它既有物理上的身体空间的规则，也有心理与情感接受的规则。

一个合适的人际边界可以帮助我们更有效地解决人际问

题，避免总是"好心成坏事"。我们很多父母因为过于重视家庭关系，所以对子女往往没有边界感，一句"我生的你"，随之而来的是满满的掌控欲。比如，趁上学时间翻看孩子的日记本；趁睡觉时间偷偷看孩子的手机；还有的随便收拾子女东西，看着没用就扔，很可能你看起来的破烂是人家认为很宝贵的东西呢。我觉得随着孩子从幼年长大，有了自我意识，就要有边界感了，不必了解对方的所有行踪和所思所想。

自己一个人住，要的就是舒适和自在，在家想怎么穿就怎么穿，想见朋友就见朋友，这时候如果父母突然闯进来，确实会有一些尴尬。您这次撞见的只是和朋友喝酒看球，如果是异性朋友来家里呢？那该多尴尬啊！

另外，像您说的生活能力问题，既然住这么近，孩子如果需要帮助自然会找您，孩子不说，您就少操点儿心，多好。儿孙自有儿孙福，您也该有自己的生活和乐趣。

刘律师：

我认为，成年子女与父母要有边界感，但这个边界感的尺度需要在生活中去把握，因为每个人的感知会有所差异。

父母和子女互相之间干涉过多，还可能涉及侵权的问题，只不过很少有人真的去通过法律途径来追究这个事儿。

比如，父母未经子女同意，擅自去子女家翻箱倒柜，收拾卫生，洗衣做饭，看起来是替子女干家务，实际上可能侵犯子女的隐私权。再举个例子。我一个好友大姐，就经常拿着钥匙去女儿家送东西，有个周六，大早上，她提着一兜包子去给女儿、女婿送，没人开门就敲门，结果女儿和女婿在睡懒觉，就没给开。女儿发短信告诉她："昨天不是说过不让你送吗？你怎么还来，您放在门口吧！"这个大姐气坏了，放下包子就走了，回家大哭一场，骂女儿不是个东西，从那以后半个月不和女儿说话。

对于大姐的行为，我多次奉劝她不能这么干，挨累不讨好不说，这样久了一定会影响双方的关系，互相都觉得别扭。

再说老年父母，年纪渐渐大了，会逐渐失去一些行为能力，这就需要子女多关心、多照顾。可是，子女若干涉多了，父母也可能认为是侵权，子女要帮忙保管存折，父母不放心；子女要帮忙管理财产凭证，父母也不放心；父母找老伴，子女过问多了，也会觉得子女侵犯自己的婚恋自由。

我认为，父母、子女都在正常状态，即具有完全民事行为能力的情况下，尽量不要生活在一起，尤其不要过于无缝衔接式的亲密，应保持必要的距离，互相留有一定的空间，互相尊重隐私和个人的基本权利，不要以"父母子女之名"做侵权的事儿。

如果父母真到了需要照顾或失去一定行为能力或全部行为能力时，则另当别论。那个时候，子女则必须履行照顾和赡养父母的法定义务，彼时，也就谈不上边界感了。

老年权益

96

老年人应如何预防被骗钱？

我是某高校退休教师，退休金中等偏高，我身边的朋友都是"高知"。本来以为我们这类人不容易被骗，但是，这几年我发现身边的退休同事接连被骗，有把房产证押给别人做理财的，有买一堆无用的保健品的，还有一些奇奇怪怪的投资，弄得我都有些紧张了。我们应该如何防范呢？

董公子：

您说的这个问题很值得引起重视。在被骗的老年人群体中，大学教授等一些高学历的人也不少见。您刚才说的这几种情况，我其实也都有所耳闻，并且有的就发生在周围朋友身上。

我发现这里面有共性：第一，老人对自己的判断比较自信，一个人就作了这个决定。第二，明知道有一定风险，比如把房本这种东西押出去，担心子女不同意，所以故意没有跟孩子说。有的老人在出事之后，怕孩子知道，还遮遮掩掩不好意思说，错过了最佳报警时间。

所以我的建议是，别轻易相信别人提供的机会和信息，别觉得真有高利润的好事等着自己，要是有，人家自己的亲戚朋友还等着呢。再者，别因为身边人都买了，赚钱了，就跟着一起。好多老人都是组团被骗的，骗子也知道先给"孩子"再套"狼"，所以会先给出不少实际的好处再"套牢"。另外，多和子女交流沟通，有时候他们一听就能知道是怎么回事，或者哪怕是交钱之前陪您去考察一下，问个明白也是好的。

刘律师：

确如董公子所说，一些老年人往往都很自信，也比较固执，总以为自己的判断和经验是精准的，还不太能听得进去子女的劝阻。

我自己的父母也有好几次被骗，高价保健被、高价保健品、高价饮水机等，价值好几万元，结果证明都是杂牌子或不值钱的东西。他们都是老师，退休多年，已经八十多岁，自己有钱，买东西也不怎么和我们说，骗子说的话，他们很容易轻信。骗子们掌握了老年人的心理，会说一些甜言蜜语，用一些话术迷惑老年人，而事实证明，老年人的判断力是有限的。

不要盲目参与一些免费的培训课和送礼物的讲座，基本是套路和"坑"。别贪小便宜，凡事勤与子女商量，也可以咨询居委会、社区、物业，他们一定会帮您识别真伪，避免您上当受骗。同时，也建议子女们多关注父母，多提醒他们必要的注意事项。

97

如何规划好养老生活？

　　我今年55岁，已退休。我身体很好，精神头儿也很足，觉得自己还很年轻。单位想返聘我，但我不想继续工作了，想趁着年轻多出去走一走。感觉后半生还有不少时间，也有很多可能性，想干这个，又想干那个，该怎么规划我的养老生活呢？

董公子：

　　一下子有了一大把时间，又想干这个，又想干那个，这是很正常的，就像孩子们刚放暑假时一样，觉得假期要干好多好多事。

　　我觉得养老生活不用太早规划，因为有时候计划赶不上变化，可以先从自己感兴趣的事情开始做。想旅游就走出去，想学跳舞就去学，想要画画、插花，可以一样一样来。其实，这

老年权益

311

就跟小孩儿报兴趣班一样，一开始可能对七八种活动都感兴趣，学了一段时间之后，发现有的并不擅长，有的坚持不下来，还有的不感兴趣，最后真正留下一两样，就是自己真心喜欢又擅长的，到那个时候再去规划自己的未来生活才更现实。

我觉得对什么都感兴趣，其实正是心态年轻的一种体现。只要不是三天打鱼两天晒网就好。

有一些老人退休之后成了画家、作家、模特，都是特别好，特别幸福的事。人生想做自己喜欢的事，什么时候开始都刚刚好，其实很多东西只要能坚持两年，都能够达到一个很不错的水平。您还有很多时间，一切皆有可能。

刘律师：

55岁的人虽然已经退休了，但严格来说还不算老年人，我国法律规定的老年人实际上是指60岁以上的人。

我这么说是在给你打气，不要轻易地认为自己"老了"，只要状态不老，永远都是青壮年，永远充满活力。

一些政治家、企业家乃至小商小贩，六七十岁或七八十岁的，也依然很活跃。要向他们学习，永远风华正茂。

退休后，人不能放任自己无所事事，不能颓废，要好好规划自己的生活。

可以去学习想学的知识来丰富自己，比如参加老年大学；可以去做一份喜欢的工作重新挑战自己；可以与三五个好友一起去做点力所能及的小生意；可以参加一些公益组织，发挥余热，扶老助困；还可以去国内旅游或环球旅游，边走边写边拍，体验各地的风土人情，写下自己的旅行日记，记录丰富多彩的旅居生活。

关键的一点，还是要提前做好养老财产规划，可根据自身情况通过保险、遗嘱、信托这些方式来保障自己的老年生活。当然，这些需要到专业的、可信赖的机构去咨询和办理。

看好自己的"老窝儿"和"老本儿"，别和孩子一起住，适当出资、出力帮衬孩子一把没问题，建议不要大包大揽，不要超负荷付出，在保障自己权益的前提下量力而行。

好好享受生活吧！

文书模板

附录

01

婚前财产约定协议

男方：姓名＿＿＿，出生于＿＿＿年＿＿＿月＿＿＿日，民族＿＿＿，身份证号＿＿＿＿＿＿＿＿＿＿＿＿＿＿＿＿＿。

女方：姓名＿＿＿，出生于＿＿＿年＿＿＿月＿＿＿日，民族＿＿＿，身份证号＿＿＿＿＿＿＿＿＿＿＿＿＿＿＿＿＿。

双方结婚前，经充分协商，对婚前和婚后财产归属自愿达成以下协议：

一、双方婚前个人财产的约定

1. 双方婚前以下财产（列明清单），结婚后互相享有 50% 的份额（财产明细写清楚，也可以差额比例）。

2. 男女双方未列入以上清单的其他个人财产婚后归各自所有，各自对各自所有财产享有完全的处置权（如投资、出租、转让、赠与他人等），所产生的收益归各自所有，男女双方各自所有财产所产生的增值、孳息均归各自所有。

二、婚后共同财产的约定

1. 双方各自婚前取得的某些财产、婚姻关系存续期间取得的某些财产归夫妻共同所有。相关财产如下：＿＿＿＿＿＿＿＿＿＿＿＿＿＿＿＿＿＿＿＿＿＿＿。（注意尽量约定清楚详细，如

约定一方名下的房产属于夫妻共同财产，并办理加名登记手续）

2.处分夫妻共同财产须经双方一致同意，如一方擅自处分，需支付违约金××元。

3.某方名下婚前已有的车辆、存款、投资理财等财产，及其在婚后取得的收益属于夫妻共同财产。

4.任何一方的婚前既有债权、债务归各自所有，由各自承担。双方结婚后一方未经另一方签字同意的债务，个人为他人提供担保产生的债务等属于个人债务。一方使用婚后共同财产偿还债务的，应当从其个人财产中补偿另一方所还债务总额的50%。

5.其他未约定的婚后任何一方取得的财产均归夫妻共同共有。（个人接受的赠与和遗嘱归属也可以约定）

三、本协议未涉及的其他财产的归属及其他未尽事宜，可由双方另行协商约定并签订书面补充协议。补充协议与本协议具有同等法律效力。

四、本协议系双方真实意思表示，双方自愿在任何因本协议提起的诉讼中受本协议条款的约束。

五、本协议原件一式两份，本协议自双方签字之日起生效。双方各持一份，具有同等法律效力。

（注意：婚前协议可不涉及婚后约定，婚后可另签署婚内财产约定。）

男方：　　　　　　　　　　女方：

年　月　日　　　　　　年　月　日

把自己活明白

02

夫妻财产约定协议

男方：姓名_____，出生于_____年_____月_____日，民族_____，身份证号_____。

女方：姓名_____，出生于_____年_____月_____日，民族_____，身份证号_____。

夫妻双方经充分沟通，自愿达成以下协议：

一、双方婚前个人财产的确认及约定

1. 双方婚前名下各自的财产，均归各自所有。（可列明所有财产）

2. 男女双方完全享有其婚前个人财产的所有权，可以对各自所有财产进行处置，如投资、出租、转让、赠与他人等，所产生的收益归各自所有。男女双方各自所有财产所产生的增值、孳息均归各自所有。（个人财产可约定互相是否有继承权，需另外写遗嘱）

二、婚后共同财产的约定

1. 婚后 ×× 套全款房产（坐落于_____）分别归属于登记一方所有，不作为夫妻共同财产。

2. 婚后男方名下贷款房产（坐落于_____）属于夫妻共

同财产，男女方共同负担还贷义务。

3.家庭生活开销及养育子女由双方共同承担。

三、本协议未涉及的其他财产的归属及其他未尽事宜，可由双方另行协商并签订书面补充协议。补充协议与本协议具有同等法律效力。

四、本协议系双方真实意思表示，双方自愿在任何因本协议提起的诉讼中受本协议条款的约束。

五、本协议原件一式两份，本协议自双方签字之日起生效。双方各持一份，具有同等法律效力。

（注意：夫妻财产约定不能提离婚如何，不要涉及离婚两个字，不要涉及子女抚养权归属问题，不要涉及过错赔偿保证书、忠诚协议等问题，切忌弄成离婚协议。）

男方：　　　　　　　女方：

　　年　月　日　　　　年　月　日

把自己活明白

03

离婚协议书

男方：姓名＿＿＿＿＿，出生于＿＿＿＿年＿＿＿＿月＿＿＿日，民族＿＿＿＿＿，工作单位＿＿＿＿＿＿＿＿＿＿＿＿＿＿＿＿＿＿＿，现住址＿＿＿＿＿＿＿＿＿＿＿＿＿＿＿＿＿＿＿＿＿＿＿＿＿。

女方：姓名＿＿＿＿＿，出生于＿＿＿＿年＿＿＿＿月＿＿＿日，民族＿＿＿＿＿，工作单位＿＿＿＿＿＿＿＿＿＿＿＿＿＿＿＿＿＿＿，现住址＿＿＿＿＿＿＿＿＿＿＿＿＿＿＿＿＿＿＿＿＿＿＿。

双方于＿＿＿＿年＿＿月＿＿日在＿＿＿＿市＿＿＿＿＿＿区（县）登记结婚，现因感情不和，自愿离婚，经双方协商一致，对有关事项，达成如下协议：

一、男方＿＿＿＿＿与女方＿＿＿＿＿自愿离婚。

二、子女的抚养：

1. 关于抚养权，双方协商：子女某某（于＿＿＿＿年＿＿月＿＿＿日出生）随女方直接抚养生活，由男方每月给付抚养费（包括生活费、教育费、医疗费），直到孩子满 18 周岁（或完成大学教育阶段）止。

2. 关于探望权，双方协商：＿＿＿＿＿＿＿＿＿＿。（可根据自身情况具体约定时间和探望方式）

三、夫妻共同财产及债务处理：

1. 房产：_____。（具体归属及分割根据情况协商写清楚）

2. 机动车辆：_____。

3. 股权、股票、债券等：_____。

4. 债权与债务：_____。

5. 双方各自名下的其他私人用品（如首饰、衣服等）归各自所有。

四、其他约定。（根据情况可以约定财产交付细节、违约金等，可包括律师费及诉讼费等合理发生的费用）

男方：　　　　　　　　　　女方：

　　年　　月　　日　　　　　　年　　月　　日

（本协议一式三份，双方各执一份，交婚姻登记机关存档备案一份。）

把自己活明白

民事起诉状

原告：姓名_____，性别____，年龄____，民族_____，
_____年____月____日出生，职业_____，身份证号_____
_____，住址_____，
现住_____，电话_____。

被告：姓名_____，性别____，年龄____，民族_____，
_____年____月____日出生，职业_____，身份证号_____
_____，住址_____，
现住_____，电话_____。

案由： 离婚纠纷

诉讼请求：

1. 判令原告与被告解除婚姻关系；

2. 婚生子 ××× 归女方抚养，男方支付抚养费每月 ×××
元，到孩子独立生活为止；

3. 依法分割夫妻共同财产。

事实与理由：

原告与被告于_____年经人介绍相识，不久确立恋爱关系，双方于_____年_____月_____日登记结婚，均初婚，婚后育有一子_____，于_____年_____月_____日出生，一直由原告全职照顾。原告与被告近两年因各种琐事频繁发生争吵，导致矛盾激化，双方感情已彻底破裂，无和好可能，协议离婚未果，故此原告首次向贵院提起离婚诉讼，望判如所求。

此致

××市××区人民法院

起诉人：

年　月　日

把自己活明白

05

借条（个人）

　　×××为购买房产，通过银行转账向×××借到人民币×××（金额大写）元整（金额小写），月利率1%，于××××年××月××日到期时还本付息。逾期未还，则按月利率2%计付逾期利息。

　　如任何一方（借款人、债务人）违约，守约方（出借人、债权人）为维护权益向违约方追偿的一切费用（包括但不限于律师费、诉讼费、保全费、交通费、差旅费、鉴定费等）均由违约方承担。

　　身份证载明的双方（各方）通信地址可作为送达催款函、对账单、法院送达诉讼文书的地址，因载明的地址有误或未及时告知变更后的地址，导致相关文书及诉讼文书未能实际被接收的、未能邮寄送达的，相关文书及诉讼文书退回之日即视为送达之日。

借款人：　　　　　　（亲笔签字）

联系电话：

身份证号：

通信地址：

　　　　　　　　　　　年　月　日

（注意：借条最好由借款人全部书写并签字及注明年月日，如果是打印，签名的年月日应该是本人书写，金额处及签名处按手印。）

06

遗嘱

　　我是×××，今年××岁，我身体健康（或患有××病），思维清晰，担心去世后家人因财产出现纠纷，故立此遗嘱：

　　在我离世后，我的个人所有财产（可以列明财产明细）全部归儿子×××（或其他人）个人单独继承，与他人无关。同时，有录像在我闲置的手机里，存放于某处。我的后事料理归×××全权负责办理，×××应从遗产中收取服务费×××元。

　　　　　　　　　　　立遗嘱人：

　　　　　　　　　　　　　年　　月　　日

　　[注意：自书遗嘱可不需要见证人（代书遗嘱、打印遗嘱、录音录像遗嘱等需要），但遗嘱存放应容易被后人找到，有见证人和录像更好，自书遗嘱可随时修改、更新；另外可到公证处或相关机构预留笔迹材料。能做公证遗嘱最好，不能做的建议到遗嘱库做打印遗嘱。]

07

代书遗嘱

立遗嘱人：_____（基本身份信息情况）。

为了避免我本人身后发生不必要的纠纷，特委托×××和×××进行代书并见证。

一、立遗嘱原因：_____。

二、立遗嘱人所有的财产名称、数量、价值、特征。（不动产应写明财产的具体坐落位置、面积等）

三、立遗嘱人对所有财产的处理意见：

_____。

四、其他。（比如遗嘱执行人及债权债务处理等）

五、本遗嘱一式____份，由____、____、____、____、____保存。

立遗嘱人：_____（签字）____年____月____日

代书人：_____（签字）____年____月____日

见证人：_____（签字）____年____月____日

代书遗嘱注意事项：

1. 代书遗嘱由代书人亲笔书写并签字、写年月日、按手印，立遗嘱人也要亲自签名、写年月日、按手印，见证人也是如此。

2. 做代书遗嘱的整个过程可以录像，以确保遗嘱的真实有效，但不是必需。

3. 代书人可以同时是见证人。

4. 代书人和见证人最好找年轻一点的，但不能是继承人范围内的人，应该与遗嘱人及继承人无利害关系。

建议：尽量做公证遗嘱，若做不了公证，就去遗嘱库做打印遗嘱，以确保遗嘱的安全有效。

08

授权委托书

委托人姓名：

身份证号：   电话：

通信地址：

受委托人姓名：   职业：

工作单位：   电话：

通信地址：

现委托_____在我与_____关于_____纠纷事务中，作为我方该事务纠纷处理的委托代理人。

代理权限为：特别授权。

代理协商、谈判、调解。

代理起诉相关事宜：代为提出、承认、变更、放弃诉讼请求、调解、辩论，代签法律文书。

委托人：

受委托人：

年　月　日

09

调查取证申请书

申请人：_____，**出生日期**_____，**身份证号**_____
_____，**电话**_____，**地址**_____。

请求事项：

1. 申请法院调取被告_____名下房产信息情况，该房产坐落于_____，房产证号_____。

2. 申请法院调取被告_____名下_____银行卡流水信息。

事实与理由：

贵院受理的_____与_____的_____一案，现需查询_____等资料及信息，特向法院申请调查取证，望予以批准。

此致

××人民法院

申请人：

年　月　日

10

强制执行申请书

申请执行人：姓名_____，出生日期_____，
地址_____，电话_____。

被执行人：姓名_____，出生日期_____，
地址_____，电话_____。

执行依据：

××人民法院作出的××号民事生效判决书。

执行请求：

1._____。

（按照判决书内容将申请执行的具体内容标的一一写上）

2._____。

（如上）

事实与理由：

申请执行人××与被执行人××的民间借贷纠纷一案，经××人民法院作出的××号民事判决书，已发生法律效力。但被执行人拒不履行生效法律文书确定的义务，故为维护申请人的合法权益，依照《中华人民共和国民事诉讼法》的相关规定，现向贵院申请强制执行。

此致

××人民法院

　　　　　　　　　　　申请人：

　　　　　　　　　　　　　年　　月　　日

图书在版编目（CIP）数据

把自己活明白 / 刘辉，董颖著. -- 北京 ： 中国法
治出版社，2025. 1. -- ISBN 978-7-5216-4697-9

Ⅰ. D920. 4

中国国家版本馆 CIP 数据核字第 2024Y02D90 号

责任编辑：刘　悦　　　　　　　　　　　　封面设计：末末美书

把自己活明白

BA ZIJI HUO MINGBAI

著者/刘辉，董颖

经销/新华书店

印刷/三河市紫恒印装有限公司

开本/880 毫米×1230 毫米　32 开　　　印张/ 10. 875　字数/ 218 千

版次/2025 年 1 月第 1 版　　　　　　　2025 年 1 月第 1 次印刷

中国法治出版社出版

书号 ISBN 978-7-5216-4697-9　　　　　　　　　　定价：56. 00 元

北京市西城区西便门西里甲 16 号西便门办公区

邮政编码：100053　　　　　　　　　　　传真：010-63141600

网址：http：//www. zgfzs. com　　　　编辑部电话：010-63141816

市场营销部电话：010-63141612　　　印务部电话：010-63141606

（如有印装质量问题，请与本社印务部联系。）